RÉPONSE

A

M. LE ROMAIN

RAPPORTEUR

DE LA

COMMISSION D'ENQUÊTE SCOLAIRE

NOMMÉE PAR LE CONSEIL MUNICIPAL DE NANTES

Dans sa Séance du 31 Décembre 1881

NANTES
IMPRIMERIE F. SALIÈRES
Quai de la Fosse, 25

SEPTEMBRE 1883

RÉPONSE

A

M. LE ROMAIN

RAPPORTEUR

DE LA

COMMISSION D'ENQUÊTE SCOLAIRE

NOMMÉE PAR LE CONSEIL MUNICIPAL DE NANTES

Dans sa Séance du 31 Décembre 1881

NANTES
IMPRIMERIE F. SALIÈRES
Quai de la Fosse, 25

SEPTEMBRE 1883

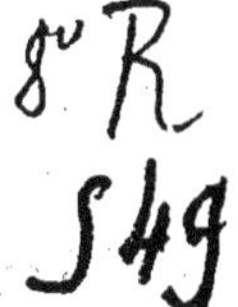

INTRODUCTION

Lorsque j'ai été appelé, par mes collègues, réunis chez M. Colombel, à procéder à des recherches que ces messieurs jugeaient utiles et même urgentes, sur les faits et gestes qui paraissaient se passer dans les écoles de Mmes Taroux et Prévost, j'étais loin de me douter que le résultat de mes travaux aurait eu un retentissement quelconque.

Il eût été bien certainement préférable que les choses se passassent en famille et le plus secrètement possible. Je ne crains pas de le dire : si l'administration eût voulu vérifier elle-même, avec précaution, justice et sévérité, elle aurait, j'en suis convaincu, réprimé des abus évidents que l'on s'est obstiné à nier tout en les supprimant.

Je me suis demandé souvent comment mon enquête, qui, dans ma pensée, n'avait été faite que pour l'administration seule, a pu être livrée à la publicité. Comment on a pu prendre copie d'un travail aussi long, et duquel il n'avait été donné à l'administration qu'un seul exemplaire. Mystère.

Je m'explique assez clairement, dans ma réponse, sur l'esprit de la commission et sur celui de son rapporteur pour qu'il en soit question ici.

Si, comme l'affirment ces Messieurs, leur plus vif désir était d'arriver à connaitre la vérité, il me semble que l'équité la plus vulgaire exigeait que je ne restasse pas étranger à la contre-enquête qui se préparait, et que, quoique sans droit absolu, je le reconnais, je fusse appelé comme auxiliaire au sein de la commission.

S'il en avait été ainsi, j'aurais insisté pour qu'on appelât *toutes* les personnes, sans aucune élimination, qui avaient témoigné et signé les faits relatés dans mon enquête, et même d'autres personnes, si cela avait été reconnu nécessaire.

C'était en agissant ainsi, franchement, loyalement, au grand jour, que la lumière se fût faite.

Tandis que, considérant l'enquête officielle comme ayant été faite dans des conditions trop restreintes et par conséquent insuffisantes, j'ai cru devoir en appeler au tribunal du public. Ce tribunal, sans préoccupation d'aucune sorte, sous les yeux duquel je pose toutes les pièces du procès, pourra, en pleine connaissance de cause, prononcer son équitable jugement.

RÉPONSE

A

M. LE ROMAIN

Lorsque parut, après une période d'incubation de treize mois dix jours qui dénotait quelques embarras de rédaction; lorsque parut, dis-je, le rapport de l'honorable M. Le Romain, organe de la Commission scolaire chargée d'examiner mon enquête relative aux écoles de la rue Sarrazin et du quai du Marais, je pris la résolution de ne pas laisser sans réponse un travail qui me paraissait manquer d'une rigoureuse impartialité et rempli de fausses appréciations et de lacunes graves.

Cependant, après mûres réflexions, je pensai qu'il était préférable d'attendre la décision que prendrait le Conseil municipal lorsque ce rapport serait soumis à ses délibérations. Le Conseil s'est prononcé. Il a adopté, sans réserves, les conclusions qui le terminent : conclusions contre lesquelles j'ai déja protesté dans un journal de Nantes, mais d'une manière qui me paraît absolument insuffisante en présence du *satisfecit* que se donne de nouveau M. Le Romain, dans la séance du Conseil municipal du 1er juillet 1883.

Je me vois donc obligé, à mon grand regret, on peut le croire, de défendre une œuvre de vérité et de conscience qu'on a tâché de changer en une œuvre de passion et de mensonges.

Mais, avant d'entrer dans la discussion du rapport de M. Le Romain, je me plais à constater, qu'en sa qualité d'avocat, il possède un admirable talent pour plaider les circonstances atténuantes. Il convient, il est vrai, parfois, de la véracité d'un fait ou d'une critique, *mais*..., le terrible *mais*.... arrive aussitôt suivi d'explications telles, qu'elles cherchent à atténuer quand elles ne peuvent pas détruire l'*aveu*, et cela ainsi de suite du commencement à la fin.

Avant d'entrer, dis-je, dans la discussion qu'il ne m'est pas permis d'éviter, sans admettre le bien fondé des critiques du rapport, je dois entrer dans quelques détails sur l'origine de mon travail.

Je n'ai pas l'intention de diminuer en rien ma responsabilité, mais je crois qu'il est juste de la faire partager, dans une certaine mesure, par les personnes qui ont été la cause initiale des investigations auxquelles je me suis livré par suite de leurs conseils et de leurs encouragements.

Au mois de février 1881, cinq conseillers municipaux: M. Colombel, alors adjoint, ayant les écoles dans ses attributions, aujourd'hui maire de Nantes; M. Etiembre, M. Plazolles, M. Bacle et M. Moreau, sous l'empire de certaines plaintes formulées avec insistance contre les écoles susdites, crurent devoir se réunir afin de se concerter sur les moyens à employer pour arriver à connaître ce qu'il pouvait y avoir de fondé dans ces bruits, afin, s'il y avait lieu, d'éclairer l'administration.

Après plusieurs réunions chez l'honorable M. Colombel, qui nous fit l'honneur de nous offrir ses salons, on convint qu'il y avait quelque chose à faire, et à moi, bien indigne cependant, fut décerné le dangereux honneur de faire les recherches nécessaires sous la forme que je croirais la plus convenable; ce que j'ai fait de mon mieux.

Maintenant que l'on connaît les circonstances qui m'ont amené à faire mon enquête, en présence de l'accusation de *passions* accompagnées de *méprises* que M. Le Romain a formulée contre moi, je dois commencer ma réponse par la publication d'une lettre que j'ai eu l'honneur d'adresser à M. Lechat, maire de Nantes, et dans laquelle, comme on va le voir, j'expose les sentiments de justice et de modération qui m'animaient.

Nantes, le

MONSIEUR LE MAIRE DE NANTES,

Après la lecture de cette enquête, on sera peut-être tenté de croire que je ne me suis préoccupé que de la recherche du mauvais côté de cette affaire, qu'un sentiment hostile aux personnes a déterminé mes recherches; ce serait une grave erreur, contre laquelle je crois devoir protester. Je n'ai eu qu'un but, la recherche consciencieuse de la vérité. J'ai dû porter mes investigations sur ce qui pouvait être bien, comme sur ce qui pouvait être mal. Je suis obligé de vous dire, M. le Maire, que je n'ai trouvé absolument que ce qui est la confirmation des bruits répandus dans le public avec une persistance qui a dû attirer mon attention ainsi que celle de plusieurs de mes concitoyens.

N'ayant aucun mandat qui me donne une autorité quelconque, je n'ai pu pousser mes investigations aussi loin que je l'aurais désiré; vous comprenez aussi, M. le Maire, les difficultés que j'ai dû rencontrer par la crainte de nuire à certaines personnes; j'ai donc dû me priver de beaucoup de renseignements qui auraient pu m'éclairer davantage. Malgré cela, j'ai rencontré bien des faits qui m'ont paru graves et que je laisse à votre appréciation.

Ce travail a eu pour but de vous aider dans la découverte de la vérité, afin de faire cesser des abus de nature à compromettre la dignité de nos écoles.

Ce que je puis vous affirmer aussi, M. le Maire, c'est que tout ce que vous allez lire est le résultat de dépositions sérieuses et appuyées par les signatures des personnes qui les ont faites. — Je puis aussi vous assurer que j'ai le plus souvent atténué les dires que je ne les ai augmentés; par conséquent le travail que je dépose en vos mains est l'expression sincère des faits et gestes qui m'ont été révélés dans le cours de mes investigations.

Recevez, M. le Maire, etc., etc.

B. MOREAU.

Je crois également utile de publier la lettre ci-après, adressée à M. Brissonneau, remplissant alors les fonctions de Maire. Ce document est de nature à édifier le public sur l'empressement et le tact que l'Administration a mis dans la vérification des faits contenus dans mon enquête soumise aux investigations de l'autorité. Mais avant, je dois faire connaître une conversation que j'eus avec M. Brissonneau, laquelle ne manque pas d'une certaine saveur d'originalité, et qui du reste a motivé ma lettre.

Dans une rencontre que j'eus avec M. Brissonneau à la Mairie, il fut naturellement question de l'enquête. M. le Maire me dit : — « M. Moreau, j'ai vérifié un fait dans votre enquête et il s'est trouvé faux ». — Je priai instamment M. Brissonneau de préciser ce fait. — « *Il s'agit, dit-il, d'argent qu'on avait confié à M. Tarroux pour être mis à la Caisse d'Epargne et qui aurait été détourné par lui.* »

Or, il se trouve que M. Brissonneau, qui avait lu mon travail avec une attention si minutieuse, ne s'était pas aperçu que le fait qu'il venait de signaler n'y brille que par son absence!!... Il n'en est question ni de loin, ni de près. *Ab uno disce omnes*, que je me permettrai de traduire ainsi : d'après cette vérification, jugez des autres.

Voici la lettre :

Nantes, le 28 septembre 1881.

A Monsieur Brissonneau, Maire de Nantes.

Monsieur et cher Collègue,

Plus je réfléchis sur l'entrevue que nous avons eue l'autre jour, plus je trouve qu'il m'est impossible de rester sous l'influence de ce malentendu.

Vous m'avez dit, Monsieur le Maire, que vous aviez vérifié dans mon travail un fait qui s'est trouvé faux, qui est celui *où j'avais accusé M. Tarroux d'avoir reçu de l'argent pour mettre à la Caisse d'Epargne sur une tête quelconque et que cet argent avait été détourné par lui.*

Il y a deux mois environ, Mme Tarroux est venue à la maison tout en larmes me demander si cette accusation avait été formulée dans mon enquête — Je lui ai répondu que non, — que je n'en avais jamais entendu parler. — C'est dans ce moment qu'elle m'a dénoncé M. B...

Pour moi ce ne peut être que M. et Mme Tarroux qui vous ont dit ce fait et que vous avez cru; s'il en est ainsi, jugez de leur véracité. Monsieur le Maire, veuillez lire mon travail qui est entre les mains de M. l'Inspecteur d'Académie, si vous trouvez cette accusation, je vous autorise à le jeter au feu.

Croyez bien, Monsieur le Maire et cher Collègue, que je n'ai jamais eu l'intention, comme j'ai cru le voir dans votre pensée, de venir vous créer des ennuis ; non, jamais cette pensée ne m'est venue : j'avais trop de sympathies pour l'ancien Conseil, sympathies que je conserve toujours pour ceux qui restent.

Je comprends aussi, que, non-seulement il serait maladroit, mais il serait méchant de venir vous créer des ennuis, des difficultés dans un moment aussi difficile, où vous montrez un zèle dont on gardera bon souvenir.

J'ai voulu tâcher de sauver un homme de la misère.

Je ne puis terminer, Monsieur Brissonneau, sans exprimer mon étonnement de l'accusation de M. Sarradin, me disant : *Vous porterez cela aux comités ;* quelle action, de ma part, a donc pu faire naître cette crainte. Si j'ai été dans les comités, comme bien d'autres, c'était dans le but de retenir plutôt que d'exalter certaines personnalités.

Je n'aime le despotisme ni en haut, ni en bas. — Puis ma position de dissident, comme on nous appelle, aurait dû m'éviter cette accusation de M. Sarradin.

Pardonnez, Monsieur le Maire, cette trop longue lettre, et croyez toujours à la sympathie de votre collègue.

B. Moreau.

Quelques jours après, j'ai rencontré, à la Préfecture, MM. Brissonneau et Sarradin ; ils se sont empressés de venir à moi pour me prier de ne pas faire attention à l'incident qui avait eu lieu à la Mairie. — M. Brissonneau m'a demandé si je désirais une réponse ; j'ai répondu que non : *puisque nous sommes d'accord*, je n'en désire pas davantage. Aujourd'hui je le regrette.

Poussant, pour ainsi dire jusqu'à l'excès, les précautions à prendre pour acquérir les preuves de la sincérité des personnes qui m'avaient donné des renseignements et fait des dépositions, j'ai fait un dernier *appel écrit* à leur honneur. Toutes m'ont assuré de nouveau de la véracité de leurs déclarations et n'ont pas hésité à me donner leurs signatures comme garantie. — Ce n'est donc pas légèrement et avec passion que j'ai agi ; aussi, après cette nouvelle et dernière sanction, je me suis décidé à déposer un exemplaire de mon travail dans les mains de M. Lechat, maire de Nantes.

Cette pièce a été déposée avec l'enquête.

On pourra voir, par la lecture des pièces ci-dessus, que j'avais pris au sérieux le mandat qui m'avait été confié par mes *complices* de la réunion Colombel, car, dans mes idées et dans les leurs, mon enquête n'avait qu'un but, celui d'appeler l'attention de nos administrateurs sur des irrégularités et des abus dont la commune et les parents nous paraissaient être victimes.

Cela dit, et après quelques observations sur une couple de paragraphes des conclusions de M. Le Romain, je me vois dans la nécessité de réfuter l'enquête officielle.

Dans ses conclusions, M. Le Romain écrit ceci : « Il y a » sans doute des irrégularités plus ou moins graves, imputables à divers, et nous les avons signalées chaque fois » qu'elles nous sont apparues ; mais il n'y a rien dans les » faits appris qui justifie, suivant nous, les accusations » formulées. »

Ce paragraphe, qui, selon l'habitude de l'auteur, affirme et nie tout à la fois, est suffisant pour justifier pleinement mon enquête qui évidemment a eu sa raison d'être, puisque bien des *irrégularités* et des abus ont été supprimés. — M. le rapporteur, je l'en remercie, m'a accordé un bon point, sans le vouloir sans doute, tant l'empire de la vérité est grand, en reconnaissant que je n'avais perdu ni mon temps, ni ma peine.

« M. le rapporteur parle et se plaint de la passion que » j'aurais mise dans mes appréciations. »

Pour cette fois, M. Le Romain a raison: j'étais, j'en conviens, animé d'une véritable passion, d'une passion ardente, mais non d'une passion qui égare et qui calomnie, mais de cette passion qui éclaire, qui prend sa source dans l'indignation qu'inspirent les actes blâmables, les *irrégularités* et autres errements plus ou moins véreux, et surtout dans un sentiment sincère de la justice et de la vérité.

M. Le Romain dit : « Il convient d'être indulgent pour » les *méprises* qui sont la conséquence de ces ardeurs. »

Qu'est-ce à dire ? « Des méprises, de l'indulgence ! » Certes je n'ai pas la prétention de me poser comme infaillible : — J'ai pu me tromper ou être trompé, seulement il fallait le prouver, et c'est ce que n'a fait ni la Commission ni le Rapporteur.

Quant à l'indulgence dont M. le Rapporteur, dans la bonté de son cœur, semble vouloir me gratifier, je n'en ai pas besoin et je la repousse. J'ai usé d'un droit et rempli loyalement un devoir, qui, il ne faut pas l'oublier, m'avait été imposé. Je l'ai rempli sans haine et sans passion, quoi qu'en dise M. Le Romain, poussé tout simplement par le seul désir d'appeler l'attention de l'Administration sur des abus trop longtemps tolérés.

L'honorable M. Le Romain s'exprime ainsi :

« ...... Il a paru opportun de diviser en deux catégories » les faits fournis à l'examen de la commission : Les uns » paraissent devoir être écartés immédiatement à cause de » leur peu d'importance et de leur inexactitude flagrante; les » autres, au contraire, devant être définitivement retenus. »

Et plus bas, M. le Rapporteur dit encore : « L'honorable » M. Moreau notamment, plusieurs fois entendu par elle, » sans formuler de critiques contre l'élimination projetée, » se borna à maintenir ses appréciations premières sur des » accusations dont il reconnaissait, du reste, n'avoir pu » constater personnellement le bien fondé. »

Il m'est pénible de me trouver en contradiction *flagrante* avec l'honorable Rapporteur au sujet des *éliminations* dont il parle dans les deux paragraphes ci-dessus: — M. Le Romain se trompe ou sa mémoire lui est infidèle.

Jamais il n'a été question, *devant moi,* d'élimination quelconque, aucune communication ne m'a été faite à ce sujet. Je doute fort que j'y eusse donné mon assentiment n'ayant rien admis dans mon enquête que par suite d'informations écrites ou testimoniales rigoureusement contrôlées.

Certes, il y a dans mon travail des faits d'une importance plus ou moins graves, mais pour tous, petits ou grands, j'ai apporté la même sincérité d'examen. Si cette communication m'eût été faite, j'aurai certainement protesté contre cette manière facile de faire une contre-enquête de laquelle on supprime une partie des faits sans examen préalable et contradictoire. — Je n'aurais jamais consenti à reconnaître que j'avais porté des accusations pour déclarer plus tard *n'avoir pu en constater personnellement le bien fondé.*

Certainement, si l'on eût prouvé que je m'étais trompé, ou que j'avais été mal informé, je n'aurais pas hésité un instant à reconnaître mon erreur.

On ne m'a jamais parlé de faits dont *l'inexactitude était flagrante,* ce que j'aurais voulu voir, ni de ceux écartés à cause de leur peu d'importance, lorsqu'ils peuvent constituer même les plus modestes abus, car c'est quelquefois par les plus petites choses que l'on arrive à découvrir les grandes.

Je le répète, il ne m'a jamais été parlé d'éliminations quelconques.

« La Commission a cru devoir décider qu'elle n'entendrait » pas certaines personnes, *témoins ou autres*, appartenant » pour la *plupart* à l'Administration de l'Instruction publique. N'est-ce pas troubler l'ordre hiérarchique, commettre » un empiètement qui se heurterait à une légitime résistance, que de tenter des démarches dont la conséquence » serait de distraire les intéressés de leurs juges et de leurs » supérieurs naturels? »

Je doute fort que ce soit l'occasion d'appliquer ce principe. La Commission, ce me semble, était chargée avant tout de chercher et de trouver la vérité, et elle s'empresse d'écarter les témoignages les plus importants, sous un prétexte qui me parait tout simplement inadmissible. C'est ce qu'on appelle mettre la lumière sous le boisseau. En effet, il ne s'agissait pas dans la circonstance de juges ni de jugement. Ces personnes n'étaient pas des accusés qui, en effet, ne peuvent pas être distraits de leurs juges naturels, mais seulement des témoins qui, à moins *d'une pression arbitraire*, devaient à l'enquête officielle la somme de lumière dont elles pouvaient disposer sans qu'il en résultât de la part de la commission un empiètement quelconque.

Si la Commission avait eu cette soif ardente de la vérité que lui attribue si généreusement M. le Rapporteur, elle n'aurait pas éloigné des témoignages qui auraient pu l'éclairer et qui par leur nature présentaient une garantie morale incontestable.

Du reste, la Commission n'a pas tardé à se mettre en contradiction avec le principe qu'elle venait de poser en déclarant inaptes à comparaître devant elle les personnes appartenant à l'enseignement et cela en vertu d'un sophisme que je crois avoir réduit à néant.

En effet, pourquoi la Commission a-t-elle fait un choix? Pourquoi M. et Mme Rousseau, Mlles Martin, Léonard et Dubois ont-ils été seuls appelés et entendus ? Pourquoi pas les autres ? Pourquoi pas tout le monde ?

Est-ce que les personnes que je viens de citer ne font pas partie de l'enseignement ? — Craignait-on, par hasard, des révélations indépendantes et désagréables ?

Si j'en crois ce qui est dit dans le rapport de M. Le Romain, au sujet de ces personnes, la Commission n'a pas été habile en faisant les éliminations, *puisqu'elle a pu obtenir des déclarations en contradiction avec celles qui m'avaient été faites.*

Je n'en persiste pas moins à admettre celles de mon enquête comme parfaitement valables, car, ces honorables personnes, en ma présence, ne pouvaient subir d'autre pression que celle de l'honneur et de la vérité.

M. le Rapporteur dit en parlant de certains témoins : « *...appartenant, pour la plupart,* à l'Administration de l'Instruction publique!... » Si je comprends bien ma langue, cela veut dire que non-seulement la Commission a écarté les personnes appartenant à l'enseignement, mais aussi d'autres personnes qui ne lui appartenaient pas. Pourquoi ?

FAITS IMMÉDIATEMENT ÉCARTÉS

A cause de leur peu d'importance, de leur inexactitude démontrée ou de l'incompétence de l'Administration municipale à leur endroit.

M. le Rapporteur dit : « Une conversation réelle ou » *supposée* de M. Tarroux avec des représentants de la » maison Hachette, reproduite dans les termes les plus » vagues et de laquelle on prétend déduire l'éventualité » d'une commission à prélever par lui au détriment de la » ville sur une fourniture de livres destinée aux prix. »

Une conversation réelle ou supposée, dit M. Le Romain. Il n'y a rien de *supposé* dans mon dire, M. le Rapporteur. Il eût été facile à la Commission, si elle avait eu cet amour de la vérité dont on la gratifie avec tant de générosité, de s'assurer de *sa réalité*, en entendant les personnes honorables qui m'ont donné ce renseignement. — Evidemment, M. Tarroux a nié selon son habitude.

Je dois ici extraire quelques lignes de mon rapport : « Le » 10 mai 1881, M. Morel, voyageur de la maison Hachette, » est allé chez M. Baulard offrir des livres de prix; il n'a » pas voulu en acheter, parce qu'il en avait un reste considérable des années dernières. — Ce voyageur est allé chez » MM. Prévert et Houis, libraires, leur proposer les mêmes » livres. Ces Messieurs n'en ont pas voulu, parce qu'ils » trouvaient les prix trop élevés. — M. Morel leur dit alors » qu'il voyait bien qu'il ne ferait rien à Nantes, je vais » aller trouver M. Tarroux et lui faire mes offres. En causant, il dit à M. Tarroux que M. Baulard ne lui prenait » pas de livres, parce qu'il lui en restait beaucoup des » années précédentes. — Eh bien, lui dit M. Tarroux, allez » dire à Baulard que je lui prendrai son stock de prix et » qu'il vous donne une commande. Ce qui eut lieu. — C'est » le voyageur de M. Hachette qui a rapporté le fait à » MM. Prévert et Houis qui, eux-mêmes, me l'ont affirmé, » et qui sont prêts à l'affirmer encore. »

Que faut-il conclure de ce fait pas *supposé* et en termes pas *vagues* du tout, quoi qu'en dise M. le Rapporteur. Comment! M. Baulard a de vieux livres, dont beaucoup avaient perdu leur première fraicheur évidemment, et M. Tarroux, sans les voir, sans les visiter, sans savoir s'ils sont convenables ou non, dit carrément qu'il prendra son stock, à la condition que M. Baulard donnera une commande au voyageur. Il rend deux services à la fois : à un ami, c'est vrai, mais également à un inconnu. Il faut reconnaître que c'est le fait d'un excellent cœur, et le tout d'une façon désintéressée, je n'en doute pas.

Cependant, depuis quelque temps, l'Administration a cru devoir donner la fourniture des prix à l'adjudication, ce qui me paraît fort sage.

DES OBJETS MOBILIERS

M. le Rapporteur dit : « Emploi, pour le service des » appartements particuliers des instituteurs, de quelques » objets de ménage (balais, éponges, etc.), acquis pour » l'usage des bâtiments scolaires. »

M. Le Romain cherche à expliquer ce fait : « Il importe, » sans doute, que les deux mobiliers restent distincts dans » leur affectation; *mais*, lorsque la résidence de l'instituteur » et l'école sont comprises dans le même local, il semble » bien sévère de ne pas admettre qu'il puisse se produire » une confusion exceptionnelle et momentanée. »

Dans bien des circonstances, M. le Rapporteur convient du fait, *mais* il l'explique quand il peut et l'atténue toujours. Il me trouve sévère, parce que je n'admets pas qu'il puisse se produire une *confusion* exceptionnelle et momentanée des objets destinés aux écoles. Comment se fait-il que j'aie pu produire à M. Aliez un bon de M. Tarroux sur lequel figure un balai de crin qui, certainement, n'a jamais enlevé la poussière des classes. Et les éponges qui, *momentanément*, étaient employées pour le service intérieur, tandis qu'on essuyait les tableaux noirs avec des chiffons, la plupart du temps fournis par les élèves. Certainement, il était permis à ces dames de se servir de balais de crin et d'éponges; seulement, je ne vois pas la nécessité de les porter sur les bons administratifs.

Extrait du rapport Moreau. — Mme Provost *a fait* demander au magasin des écoles, des éponges pour essuyer les tableaux noirs. En a-t-il été livré? on ne peut pas savoir; ce qu'il y a de certain, c'est que s'il y en avait, elles ne servaient pas à essuyer les tableaux. — Les adjointes n'en ont jamais vu dans les classes, elles essuyaient les tableaux avec des chiffons de toutes provenances, le plus souvent donnés par les enfants, mais jamais par Mme Provost.

Il a été fourni aussi, par le même magasin, des vases en zinc pour laver les mains des enfants. — Ils ne servaient pas à cet usage, mais bien à l'usage de Mme Provost.

Il en était de même chez Mme Tarroux.

FOURNITURES SCOLAIRES

A propos de la rétribution indûment exigée pour les fournitures scolaires, M. le Rapporteur s'exprime ainsi :

« Ce point est indiqué dans le rapport de M. Moreau, » comme étant assez obscur : Cela est exact, et pourtant il » eut été essentiel d'arriver à quelque chose de précis; les » fournitures absolument usuelles sont, en effet, les seules » gratuites; il en est autrement des dictionnaires et autres » ouvrages de quelque importance. En résumé, il s'agissait » de profits d'une valeur *infime* que les instituteurs se » seraient procurés en vendant des cahiers et des ardoises. » ce qui surprend d'autant plus pour les derniers objets, » qu'ils sont à *peu près exclus, paraît-il,* des fournitures » scolaires. »

Que veut dire ce paragraphe?... Contient-il une affirmation de ce que j'ai dit sur le chapitre de la vente de fournitures scolaires, ou bien une négation? *Il s'agirait de profit d'une valeur infime,* sur les objets qui sont *à peu près exclus, paraît-il,* des fournitures scolaires. Cela ne dit rien de positif et laisse le lecteur en suspens. Pourquoi, M. le Rapporteur n'a-t-il pas dit carrément : « Non, Mme Provost n'a jamais cédé à aucune élève, à titre onéreux, ni ardoises, ni cahiers. » C'eut été clair, et on aurait su à quoi s'en tenir.

Je me permets de renvoyer M. le Rapporteur au dire de mon enquête qui n'a rien d'obscur, et que je maintiens absolument dans son entier, car il est de ceux pour lesquels je n'ai épargné ni peine, ni démarches.

J'ai l'habitude, à défaut de style élégant, de dire ce que je dis.

Pour l'édification du lecteur, je crois devoir placer ici un épisode curieux qui a eu lieu chez Mme Gaborit, rue des Arts, N° 13, et qui est relatif aux cahiers et ardoises. *C'est la mère qui me l'a raconté.*

Enquête Moreau. — La fille de cette dame, âgée de onze ans, lui demanda cinq sous pour acheter une ardoise; la mère, pauvre, refuse en disant qu'elle donne toutes les semaines deux sous pour acheter un cahier, ce qui ferait sept sous, et qu'elle ne peut pas les donner; du reste, c'est Mme Provost qui doit te fournir l'ardoise pour rien. La fille ne veut pas aller en classe sans les cinq sous. — La mère menace la fille si elle n'y va pas. La fille résiste parce que, dit-elle, elle recevrait des coups de règles sur les doigts; la mère bouscule la fille qui se trouve dans cette pénible alternative d'être battue si elle reste chez elle, ou de recevoir des coups de règles sur les doigts si elle va à l'école sans les cinq sous.

Je ne sais si Mme Provost a été interrogée sur ce fait, très probablement, et cru sur parole, mais la mère de famille a-t-elle été appelée au sein de la Commission? Telle est la question.

J'ai questionné dans le 1er canton, depuis longtemps déjà, bien des parents; beaucoup m'ont répondu qu'on ne donnait pas de fournitures, — d'autres qu'on en donnait quelquefois. — d'autres qu'on en donnait, mais qu'on était obligé d'en acheter aussi, — d'autres qu'il fallait acheter toutes les semaines un cahier de 10 cent., — d'autres qu'il fallait acheter des ardoises pour le soir, etc., etc.

A travers ce désordre, j'ai distingué que Mme Provost donnait le moins de fournitures possible, — qu'elle ne donnait pas les fournitures qui devaient servir le soir chez les parents. — Est-ce un droit? je ne le crois pas. — Si l'on ne donnait pas de devoirs à faire chez les parents, pour être mis au propre le lendemain, je le comprendrais, mais on donne des devoirs, il faut donc des cahiers pour les faire. — Pour les ardoises que les élèves emportaient le soir, je ne puis en comprendre l'utilité.

Ce qui précède est déjà trop long; cependant je ne terminerai pas sans dire mon opinion personnelle. — Pour moi Mme Provost faisait un trafic sur les fournitures que la ville donne gratuitement aux enfants, elle le faisait le plus large possible. — Je ne croirai jamais que si Mme Provost faisait écrire des enfants sur des bouts de papier déjà couverts d'écriture, dans un sens et dans l'autre, sur l'envers des couvertures des cahiers qu'elle faisait réunir par ses adjointes, sur des cahiers qu'elle faisait couper en deux, je ne croirai jamais, dis-je, que ces économies sordides et de mauvais aloi, aient été faites en vue d'économiser les fonds de la commune, je suis bien plus disposé à croire que ces manœuvres ont été faites en vue de ses intérêts.

Les bouts de papier, les couvertures de cahiers et les cahiers coupés en deux, ont été déposés avec mon travail.

Mme Soulard, chaussée de la Madeleine, n° 53. — Mme Soulard, jardinière, rue Miséricorde, actuellement rue d'Auvours. — Mme Paulin, quai des Tanneurs, n° 5, ont acheté toutes les trois à Mme Provost et payé à elle-même, chacune un dictionnaire, 1 fr. 25, et une ardoise, 0 fr. 25. — Mme Provost a voulu vendre à Mme Soulard de la rue d'Auvours pour cinq francs de livres classiques, environ; celle-ci ne voulant pas les payer, de guerre lasse on a fini par les lui donner. Les pièces signées par ces dames ont été déposées avec le dossier.

Mme veuve Fabre a une enfant de 10 ans, qui allait à l'école de Mme Provost. Elle lui a demandé souvent de l'argent pour acheter des livres, mais la mère n'ayant jamais voulu lui en donner, ils lui ont été fournis par l'école. — Mme Fabre a toujours payé les cahiers qu'on emporte le soir. — Ces jours-ci, elle a payé une *Connaissances* de 30 cent., — on lui a fait payer plusieurs fois des porte-plumes. — Nantes, le 1er juin 1881. — Signé, certifié conforme : veuve Fabre, rue Harrouys.

Mme Haudebine, rue du Bourgneuf, avait deux jeunes filles, Mlle Juliette, âgée de 10 ans, et Mlle Marie, âgée de 11 ans : ces deux demoiselles allaient en classe chez Mme Provost.

Mme Provost a vendu à Mlle Juliette :

1° Un dictionnaire de Th. Bénard.

2° Une arithmétique des frères, par F. P. B. (proverbes).

3° Un cahier cartonné, à 1 fr. 25.

Nantes, le 16 juin 1881. — Signé : A. Haudebine.

DES BONS

« L'enquête officieuse (enquête Moreau), dit M. Le Romain, » reproche à M. Tarroux de n'avoir point veillé à ce qu'ils » fussent (les bons) régulièrement délivrés, et, surtout, » d'avoir omis, *parfois*, de les faire contresigner par l'Adjoint » préposé au service de l'enseignement ; elle conclut de ce » fait à des *abus possibles*, projetés *peut-être*, sinon d'ores » et déjà prouvés. »

Parfaitement, M. le Rapporteur, j'ai conclu non à des *abus possibles*, mais à des *abus certains* dont j'ai administré les preuves.

On convient donc que M. Tarroux a omis *parfois* de faire contresigner les bons, mais avec quelle mansuétude on retire à ce fait toute gravité. — Et moi, je dis : que pas un seul bon n'aurait dû être produit sans la signature obligée ; je dis plus, il était du droit et du devoir des fournisseurs de les refuser. — Et Dieu sait s'il y en a eu sans cette formalité, et pourquoi ? Du reste je ne prétends pas dire que *tous* les bons non signés aient été faits avec une intention de fraude, seulement cette manière de faire entrait essentiellement dans les idées de M. Tarroux dont le caractère hautain visait à l'omnipotence, et se plaisait à faire acte d'autorité en agissant seul; aussi, je persiste à dire, contrairement à l'opinion de M. le Rapporteur, que ces omissions étaient volontaires, sinon *calculées*.

M. le Rapporteur continue ainsi :

« Que les bons destinés à simplifier les règlements, soient » régulièrement approuvés et produits, cela est opportun » sans aucun doute; *mais* que ces irrégularités aient donné » accès à des malversations de quelque importance, avec » le mécanisme organisé pour ce service et qu'il faut exposer » en deux mots, c'est ce qui est loin d'être établi. »

Ah ! M. le Rapporteur, quel aveu ! Comment a-t-il pu échapper à votre perspicacité toujours en éveil cependant pour amoindrir les faits quand on ne peut pas les nier.

Vous dites.... « *que ces irrégularités aient donné accès à des malversations de quelqu'importance....* » il y a donc eu *malversations*, seulement elles étaient si peu importantes qu'elles ne valaient pas la peine d'être relevées.

Elle est singulière cette morale, que j'ai eu l'occasion de remarquer, qui consiste à n'admettre le mal que lorsqu'il a de l'*importance*. Ainsi, *bénéfice infime*, *malversations peu importantes* n'étaient pas dignes d'arrêter l'attention de l'aréopage municipal Nantais.

M. Le Romain passe ensuite à l'exposition de la théorie des bons tels qu'ils auraient dus être formulés: théorie du reste fort régulière, mais, on l'a dit bien des fois, car il est des axiomes que l'on répétera éternellement : La pratique ne suit pas toujours la théorie. C'est ce que faisait M. Tarroux, avec sa désinvolture ordinaire.

Je trouve dans le développement théorique de M. le Rapporteur, la phrase suivante : « *Or, cette pièce* (le bon) *constitue la pièce comptable qui reste toujours aux mains de* » *l'Administration..... elle est le titre auquel il est tou-*

» *jours loisible de recourir, quels que soient le nombre et la* » *forme des bons délivrés s'ils ne représentaient pas exacte-* » *ment le quantum de la fourniture.....* »

Certainement, il doit en être ainsi sous une administration bien réglée. Alors, comment se fait-il qu'il m'est passé sous les yeux une certaine quantité de bons réguliers et payés et qui cependant ne se trouvaient pas dans les mains de l'Administration?... Dans ce moment même, j'en ai plein mon portefeuille, desquels il sera parlé plus loin; mais, si M. Le Romain s'était donné la peine d'aller jusque dans le bureau de M. Tarroux, il aurait bien vu que la plus grande quantité des bons brillaient par leur absence, mais c'était trop de peine.

(Extrait de l'enquête Moreau). — M. H... ne livrait jamais de bois sans la remise d'un bon. Cependant, lorsqu'il présentait sa facture, afin d'obtenir son mandat, M. Tarroux ne lui demandait jamais ses bons comme pièces justificatives. Toutefois, pour les réglements des factures du 29 mars, 6 avril et 23 juin 1880, M. Tarroux exigea la remise de tous les bons qu'il possédait, M. H... s'est empressé de les lui remettre. — Nantes, le 5 juillet 1881. Signé H...

L'importance de la pièce signée H... consiste dans la démonstration que M. Tarroux négligeait singulièrement la régularisation de ces bons, qui sont des pièces justificatives que le fournisseur doit toujours remettre avec sa facture pour obtenir son mandat, ce qui n'a pas été fait en ce qui concerne M. H... jusqu'à la date du 28 mars. — Pourquoi? Il est à regretter que l'Administration n'ait pas cru devoir s'occuper immédiatement de l'enquête, retard qui ne pouvait être que préjudiciable à la recherche de la vérité.

Je ne puis terminer sans faire remarquer que les trois dernières factures qui ont été payées à M. H... sont aux dates des 29 mars, 6 avril et 23 juin. Je ne crois pas qu'à cette époque les classes soient encore chauffées. Que devenait ce bois?

DES COMBUSTIBLES

Je transcris en entier le paragraphe du rapport qui traite de cette question brûlante, sans jeu de mots. J'avoue tout d'abord que j'ai été stupéfait devant les explications qu'il contient.

Le voilà dans toute sa splendeur :

« Il est *certain* que les fournitures de combustibles ont » compris une plus ou moins grande quantité de bois de » chauffage destiné au service particulier des instituteurs ; » MAIS il est appris que *plusieurs d'entr'eux*, et le fait s'est » produit dès 1872, en prenant la direction des écoles com- » munales, avaient stipulé cet avantage, *maintenu depuis* » *par tolérance ;* le Conseil aura prochainement, en votant » le budget, à se prononcer sur ce point. Il faut toutefois » regretter qu'il n'ait été avisé plutôt de cette concession. » Il n'est pas douteux pour nous que la très grande majorité » de ses membres n'ait cru, en votant ce crédit, pourvoir » exclusivement au service des écoles. Le chauffage per- » sonnel, comme toutes les dépenses analogues, trouve » sa représentation normale dans le traitement alloué. »

Les instituteurs et les institutrices se chauffaient donc aux frais de la commune, c'est-à-dire aux frais des contribuables victimes toujours des abus. *C'est certain,* M. le Rapporteur l'avoue, *mais il est appris* que c'était par suite d'une tolérance datant de 1872, ce qui n'en est pas mieux pour cela, au contraire.

M. le Rapporteur, qui me taxe souvent d'être obscur dans mes dires, laisse bien des fois à désirer au point de vue de la clarté, quand il ne met pas tout à fait la lumière sous le boisseau. Il dit *plusieurs d'entr'eux.....* Pourquoi, *plusieurs d'entr'eux ?* Pourquoi pas tous ? Pourquoi refusait-on aux uns ce que, *par tolérance*, c'est-à-dire sans droit, on accordait aux autres ? M. Le Romain pourrait-il le dire? Mais, je présume que cette *tolérance* au profit de *quelques-uns* n'a pas tardé à devenir le secret de Polichinelle pour les autres instituteurs qui, naturellement, auront, je ne dirai pas abusé, mais usé de cette permission tacite, et se seront bien vite mis au niveau. En cela, je l'avoue, je ne les blâme en aucune façon.

Mais comment peut-on expliquer qu'une Administration,

qui, sciemment, souffre, autorise et protège un pareil désordre? Car, user d'un droit qu'on n'a pas, c'est évidemment du désordre et, ce qu'il y a de pire, un désordre de complicité avec l'Administration!

Comment! voilà une tolérance qui s'est perpétuée pendant dix ans, sous trois Administrations, celles de MM. Leloup, De Cornulier et Lechat, sans que cet état de chose ait transpiré, sans que le Conseil municipal, *gardien des intérêts de la cité* (vieux cliché perpétuel), en ait été instruit! c'est drôle et peu compréhensible.

Ne pourrait-on pas demander si Messieurs les Maires en étaient instruits eux-mêmes, et, dans le cas de l'affirmative, comment se fait-il qu'on ait attendu tant d'années avant de régulariser une position aussi anormale?

Si je ne craignais qu'on m'accuse d'un léger sentiment d'orgueil, je serais tenté de croire que mon enquête révélatrice est pour quelque chose dans la résolution qui a été prise dernièrement par le Conseil municipal en changeant une tolérance en un droit certain, tout en regrettant, comme le dit justement le Rapporteur, *qu'il n'ait pas été avisé plutôt de cette concession*. Tout est bien qui finit bien. Messieurs les instituteurs pourront désormais brûler des rondins et du charbon de terre sans peur et sans craindre les reproches.

Mais, est-t-il bien certain que les Administrations qui se sont succédé depuis 1872 aient été au courant de cet abus *important*, cette fois? Pour mon compte, je me permets d'en douter.

Je dois faire ici une distinction et rappeler aux lecteurs que, dans mon enquête, je ne me suis occupé que des écoles de Mmes Provost et Tarroux; que j'ignore ce qui s'est passé et ce qui se passe dans les autres écoles. C'est-à-dire que j'ignore complètement si cette fameuse *tolérance* a été étendue au profit de tous les instituteurs et institutrices.

Ce qui établit que cette *tolérance* était de l'invention de M. Tarroux qui en faisait profiter qui bon lui semblait, c'est que M. Malherbe, dans son court séjour à l'Administration, n'en savait pas un traître mot.

En effet, après une visite personnelle faite chez Mme Tarroux, où il put être édifié devant des provisions (1) qui évi-

(1) 1,000 kilog. de charbon de terre achetés quelques jours avant Pâques, et déjà visiblement entamés.

demment n'avaient pas été faites en vue du chauffage des classes, et ignorant la tolérance dont personne ne lui avait parlé, crut devoir, après en avoir informé M. le Maire, prendre des mesures, sous forme d'une démarche générale, afin de prier Mmes les institutrices et MM. les instituteurs des différentes écoles de ne pas abuser du chauffage municipal.

Quand M. Malherbe a entretenu M. Lechat de la découverte qu'il avait faite, par suite de laquelle il avait l'intention de prendre des mesures, si M. Lechat n'eût pas ignoré la tolérance, il la lui aurait fait connaître et la démarche n'aurait pas eu lieu.

Est-ce clair? que devient alors le système si savamment élaboré par M. le Rapporteur?

Voilà où l'on arrive quand on veut tout innocenter de parti pris et qu'on a des yeux pour ne point voir et des oreilles pour ne pas entendre.

(Extrait de l'enquête Moreau). — Le chauffage des écoles est donné par la ville; les directeurs et directrices n'ont aucun droit au chauffage.

Les écoles ne devraient être chauffées qu'avec du charbon de terre et des bourrées à un lien, les poêles ne pouvant être allumés qu'avec du menu. — Cependant il est livré aux écoles des rondins et des bourrées à deux liens; ces bourrées contiennent beaucoup de *tricots*. — Jamais il n'est brûlé, dans les classes, un seul morceau de rondin et de *tricot*; ces bourrées à deux liens auraient pu être remplacées par des bourrées à un lien qui ne sont faites qu'avec du menu.

Que devenaient ces rondins et ces *tricots?* J'en laisse l'appréciation au lecteur.

DES PENSIONNAIRES

On sait que Mmes Tarroux et Provost recevaient dans les écoles des pensionnaires, malgré la loi et les règlements universitaires; voilà comment, à ce sujet, s'exprime l'honorable M. Le Romain :

« Même explication de la présence de pensionnaires dans
» les écoles communales ; en notant toutefois qu'il y a là
» un *abus certain*, qui ne doit pas se reproduire. L'organi-
» sation de l'enseignement primaire, à Nantes, ne comporte

» point de pensionnaires, et les bâtiments qui lui sont
» affectés ne sont pas et ne sauraient être appropriés à cette
» destination. »

Mais, M. le Rapporteur, je n'ai pas dit autre chose et je suis heureux de me trouver en parfaite conformité d'appréciations avec vous ; avec cette différence, cependant, que moi, j'ai blâmé l'abus comme il devait l'être, tandis que vous, vous expliquez, vous atténuez, vous blanchissez et repoussez toute idée de lucre de la part de ces dames. Je continue la citation :

« Ajoutons, dites-vous, que des avantages plus ou moins
» problématiques de cette TOLÉRANCE nous semblent *plus
» que compensés* par les embarras et les ennuis dus à la
» présence simultanée de pensionnaires et de maîtresses
» adjointes dans des locaux insuffisants ; embarras qui
» n'ont pas été sans influence sur les difficultés dont nous
» avons à nous enquérir aujourd'hui. »

En fait d'*obscurité* je recommande au lecteur ce dernier membre de phrase qui, pour moi, je l'avoue, est absolument énigmatique.

« Quoi qu'il en soit, l'*aveu* ou la *tolérance* de l'Adminis-
» tration dégage la responsabilité des fonctionnaires qui
» en ont bénéficié. »

Sur qui retombent alors les infractions aux règlements scolaires admises et reconnues par M. le Rapporteur ? Si les institutrices ne sont pas responsables, c'est donc l'Administration qui l'est, puisque, avec son *aveu* et sous sa *tolérance*, Mmes Tarroux et Provost ont pu impunément fouler aux pieds la loi et les règlements. — De sorte qu'en voulant enlever aux institutrices la responsabilité de leur action, cette responsabilité retombe nécessairement sur la tête de l'Administration qui, sciemment et de son aveu, a souffert la pratique de pareilles irrégularités. Je ne sais pas alors pourquoi ces dames se seraient gênées.

M. le Romain n'a donc pas compris qu'en invoquant l'*aveu* et la *tolérance* de l'Administration pour innocenter ces dames, il a joué le rôle de l'ours de la fable et lancé de rudes pavés à la tête de nos Administrateurs devenus complices d'irrégularités flagrantes.

Eh bien ! moi je suis plus juste envers MM. les Maires qui se sont succédé, et je suis convaincu que s'ils eussent connu ces tripotages ils se seraient empressés de les faire cesser, comme c'était leur droit et leur devoir, surtout si

MM. les Inspecteurs (tolérants aussi, peut-être) eussent fait le leur en informant l'Autorité de ce qui se passait dans les écoles de Mmes Tarroux et Provost; car je ne puis admettre que la spéculation des pensionnaires leur fût inconnue.

M. Le Romain, dont je n'ai plus à constater l'extrême indulgence et l'extrême bonté de cœur, verse un pleur sur le sort de ces dames à propos *des embarras et des ennuis dus à la présence simultanée de pensionnaires et de maîtresses adjointes dans des locaux insuffisants.*

Mais, qui diable obligeait ces dames à se créer de pareils embarras et ennuis? surtout dans des *locaux insuffisants;* il leur aurait été si facile de les éviter. Qui est-ce qui les avait forcées à aller dans cette galère?....

Laissons de côté ce sentimentalisme de circonstance et disons brutalement la vérité. Ces dames spéculaient, voilà tout. Si elles n'eussent trouvé que des *embarras* et des *ennuis* et pas de profits à leur petite spéculation, M. Le Romain peut être certain qu'elles ne l'auraient pas entreprise. On ne se donne pas tant *d'embarras et d'ennuis* pour rien; ce n'est pas dans la nature humaine, et ces dames font partie de l'humanité. Je ne saurais trop engager l'honorable Rapporteur à se livrer à quelques études sur le cœur humain, qu'en sa qualité d'avocat il doit pourtant bien connaître: il y trouverait des axiomes de la plus haute portée, tels que, par exemple: Rien pour rien; toute peine mérite salaire, etc., etc.

Afin d'éclairer le lecteur sur la question des pensionnaires, je transcris ici un extrait de mon enquête qui l'édifiera sur la générosité prétendue de ces dames. Ce que j'y expose a été atténué, passé au crible de l'*aveu* et de la *tolérance*, son inséparable sœur, mais détruit jamais.

(Enquête Moreau). — En 1879-80, Mme Provost avait quatre pensionnaires; il lui a été défendu d'en prendre à l'avenir: comme preuve d'obéissance, elle en a eu cinq l'année suivante.

Chaque adjointe doit avoir sa chambre. Mme Provost s'emparait des chambres des adjointes pour loger ses pensionnaires. A cette époque il y avait quatre adjointes qui habitaient à l'école; on ne leur donnait qu'une chambre pour deux. — Les trois premières années que j'ai passées chez Mme Provost, dit Mlle V...., j'ai toujours eu une pensionnaire dans ma chambre. — La chambre était trop petite, de sorte que j'étais obligée, chaque matin, de plier un lit et de le placer sur l'armoire et, par conséquent, le soir de le descendre et de le remettre en place. — Les deux dernières années, nous couchions deux adjointes dans la même chambre.

Pendant l'année, 1880-81, une seule adjointe habitait chez Mme Provost; les chambres des autres adjointes furent employées à loger les pensionnaires.

Mlle V.... est restée cinq ans adjointe chez Mme Provost, de 1875 à 1880, — Mlle D.... quatre ans, et Mlle C.... trois ans. Pendant cette dernière période ces demoiselles n'ont jamais eu, venant de l'école, des draps et des couvertures; elles ont été obligées de s'en fournir. — Evidemment, ce matériel servait soit aux besoins de Mme Provost, soit aux besoins des pensionnaires.

SOCIÉTÉ DE BIENFAISANCE DES ÉCOLES LAÏQUES

C'est M. le Rapporteur qui parle :

« La Société de bienfaisance des écoles laïques aurait » remis à Mme Provost une certaine quantité d'étoffes des- » tinées à la confection de vêtements à l'usage des enfants » pauvres. Son but n'ayant été qu'incomplètement atteint, » cette Association aurait sollicité vainement, à l'origine » du moins, les explications auxquelles elle avait droit. » Que la Société de bienfaisance des écoles laïques puisse, » par toutes voies, fut-ce même judiciairement, demander, » à son mandataire, compte du mandat accepté, cela ne » fait pas l'ombre d'un doute; mais ce qui n'est pas admis- » sible, c'est que l'Administration municipale ait à se » préoccuper des conséquences d'une démarche qu'elle n'a » point autorisée et qui s'est accomplie à son insu. Recon- » naissons toutefois, afin de ne rien omettre, que Mme Pro- » vost a spontanément donné, sur ce point, des renseigne- » ments de nature à satisfaire les membres de la commis- » sion au courant de cette réclamation.

Vraiment on reste stupéfait devant la crédulité enfantine de la Commission et de son honorable Rapporteur.

Eh quoi ! Mme Provost *reçoit* cent mètres d'étoffes pour faire cinquante sarraux, elle n'en fait confectionner qu'une vingtaine dans des conditions ridicules d'économie, et dont la Société n'a jamais pu connaitre la destination. Il reste donc soixante mètres d'étoffe qu'il a été impossible de retirer de ses mains et qui, par conséquent, ont été perdus pour la Société des écoles laïques qui les avait fournis.

Voilà, en deux mots, le fait indéniable, plus que prouvé; cependant, M. le Rapporteur, organe de la Commission, a osé publier la phrase abracadabrante que voici :

» Reconnaissons toutefois, afin *de ne rien omettre,* que
» Mme Provost a *spontanément* donné, sur ce point, des
» renseignements de nature à satisfaire les membres de la
» Commission au courant de cette réclamation. »

Eh bien ! non, Messieurs de la Commission, ce n'est pas vrai. Mme Provost n'a pas pu vous donner, ni *spontanément* ni autrement, des raisons convaincantes, parce qu'elle n'en avait pas et ne pouvait en avoir. Aussi je ne crains pas de mettre au défi et la Commission et le Rapporteur de produire les explications qu'une partialité révoltante a pu seule accueillir si facilement. J'avoue que cette assertion plus qu'étrange de M. le Rapporteur m'a exaspéré et fait monter l'indignation au front; aussi c'est avec la plus grande énergie que je proteste contre l'écœurante partialité d'une Commission instituée pour chercher la vérité et qui, systématiquement, a évité, avec le plus grand soin, de la trouver.

DÉPOSITION DE M. DESDOITS

La Société de bienfaisance des écoles communales laïques a déposé chez Mme Provost, le 12 novembre 1880, 37 mètres 50 de croisé noir et 62 mètres 30 de coton bleu, — total 99 mètres 80 d'étoffe, — avec prière de faire confectionner des sarraux le plus promptement possible, désirant faire distribuer aux enfants ces vêtements pendant l'hiver. — Ce travail, Mme Provost ne le fit commencer que le mercredi de la première semaine de janvier, environ deux mois après.

Il a été livré 20 à 22 sarraux qui n'ont été terminés que le 20 février 1881. — Il fallait à peine quinze jours pour faire le travail total.

Ces sarraux ont été confectionnés de la façon la plus déplorable, et sont faits de manière que les parents n'ont aucune ressource en cas d'usure.

Il a été confié à Mme Provost 100 mètres d'étoffes; il en faut deux pour faire un sarrau, il en reste donc encore 60 mètres.

Si Mme Provost avait eu le moindre sentiment d'humanité

et bien compris son devoir, elle se serait empressée de faire faire ce travail qui aurait été si utile à ses fillettes.

La Société des écoles aurait dû s'empresser de faire restituer ces étoffes, afin de les utiliser; il doit en rester au moins 60 mètres. Surtout qu'on l'obligeât à donner la liste des enfants à qui elle a distribué ces sarraux.

Malgré ce mauvais vouloir, la Société des écoles a fait distribuer environ 70 à 80 sarraux dans les écoles de garçons du 1er canton; ces sarraux ont été faits en dehors des ouvroirs. Avec du bon vouloir, les frais de ces façons auraient pu être économisés et cette économie aurait augmenté d'autant les ressources de la Société.

La Société des écoles laïques a créé dans chaque canton une délégation de trois membres pour s'occuper de l'administration de cette Société et en même temps de donner dans les ouvroirs des étoffes pour faire des vêtements qui doivent être distribués dans les écoles de filles et de garçons. — M. Desdoits, délégué, s'est présenté trois fois chez Mme Provost pour avoir des renseignements sur les étoffes qu'on lui avait confiées et sur les sarraux confectionnés, sans pouvoir en obtenir. Pour clore l'entretien, Mme Provost lui a dit : « Je ne comprends pas, Monsieur, que, lorsqu'on est à la tête d'une Société de bienfaisance, on s'arrête à des *mesquineries* pareilles. Croyez-vous qu'il n'est pas humiliant pour les enfants de leur demander leurs noms quand on leur fait la charité. » Et M. Desdoits se retira.

Mesquinerie est superbe, 100 mètres d'étoffe!

DES ÉTUDES DU SOIR

M. le Rapporteur dit :

« Il en est ainsi des études du soir. L'Administration » fournit le chauffage et l'éclairage et laisse les institutrices » régler avec les familles et maîtresses-adjointes, l'indemnité due pour la surveillance.

» Il est à noter, au surplus, que l'enquête officieuse ne » signale, sur tous ces points, aucune réclamation adressée » à l'Administration par les intéressés. »

Mmes Tarroux et Provost réclamaient aux parents des élèves la somme de deux francs par mois. C'était leur droit, quoique ce fût un peu cher. Comme ces dames surveillaient environ soixante élèves chacune, c'était donc une rétribution d'environ 120 francs qu'elles recevaient chaque mois; c'est bien encore.

Mais comment Mmes Tarroux et Provost avaient-elles traité avec leurs adjointes appelées à exercer la surveillance des études du soir? Oh! il n'a pas été nécessaire de se procurer du papier timbré.

Pendant trois années consécutives, elles ont fait le service et n'ont reçu aucune indemnité. Pas cher, n'est-ce pas? Pas difficile, le règlement?

Ce n'est que les dernières années seulement qu'il a été distrait, au bénéfice des adjointes, des cent à cent vingt francs que reçoivent ces dames, la somme de dix à quinze francs par mois; c'était maigre. Mais que faire? Il fallut bien en passer par là.

En leur qualité d'institutrices, Mmes Tarroux et Provost connaissaient fort bien cette fable où l'on raconte l'histoire d'un certain lion qui, présidant à des partages, avait la noble habitude de prendre tout pour lui et de laisser le reste aux autres. Ceci dit pour faire connaître la justice et le désintéressement de ces dames envers leurs maîtresses-adjointes.

Le salaire de deux francs par mois était en contradiction flagrante avec le principe de la gratuité absolue des écoles, et privait des avantages de l'étude du soir les élèves dont les parents ne pouvaient supporter cette charge relativement onéreuse.

Aujourd'hui, par une décision administrative qu'on ne saurait trop louer, les études du soir sont gratuites, l'égalité est rétablie.

J'ai la présomption de croire que l'intervention de l'enquête Moreau a été pour quelque chose dans cette importante et très juste réforme.

(Enquête Moreau). — Mlles C..., D..., et D..., adjointes de Mme Provost, ont fait pendant trois années l'étude du soir. Il y avait à cette époque au moins soixante élèves payant chacune deux francs par mois; elles ont fait ce long travail sans recevoir aucune espèce de rétribution. Plus tard, elles ont reçu de 10 à 15 francs par mois,

Chez Mme Tarroux, c'était absolument la même chose.

DES CADEAUX POUR LES PREMIER DE L'AN ET FÊTES

Le Rapporteur s'exprime ainsi :

« Nous signalons dans cet ordre d'idées, l'acceptation de » cadeau à l'époque de la fête et du premier de l'an.

» Rien de plus naturel, rien de plus digne d'être encou- » ragé assurément, que l'hommage rendu en ces occasions » par les élèves à ceux qui les instruisent; mais il faut s'en » tenir là. Les écoles communales sont, en grande partie, » ne l'oublions pas, fréquentées par des enfants dont les » parents manquent des ressources nécessaires pour » acquitter envers eux la dette sacrée de l'instruction. Il » ne faut pas que des exigences de cette nature, *si réduites* » *qu'elles soient*, ajoutent à leur détresse, créent d'humi- » liantes catégories, et leur inspirent la crainte, *chimérique* » sans doute, *naturelle* cependant, d'un discrédit dont leurs » enfants pouvaient être victimes. »

Ce paragraphe du rapport de M. Le Romain exprime parfaitement ce qui doit être fait si les élèves *elles-mêmes* désirent témoigner leur reconnaissance aux maîtresses qui dirigent leur instruction.

Mais ce n'est pas ainsi que les choses se passaient, chez Mmes Tarroux et Provost; il est donc utile que le lecteur sache comment ces dames agissaient au moment de leurs fêtes et du premier de l'an.

M. le Rapporteur, qui ne me cite jamais textuellement, a rendu ainsi sa tâche bien plus facile, puisque le lecteur ne connaissant pas les textes de mon enquête, il lui est impossible de comparer et d'examiner par lui-même et, par suite, de se former un jugement. Je transcris donc la partie de mon travail qui a rapport à la question qui nous occupe.

(Enquête Moreau). — Mmes Tarroux et Provost se faisaient souhaiter leurs fêtes tous les ans, aux mois de juillet et août, *au beau temps.* — Ces dames portent le même nom. — Leurs fêtes tombent le 6 janvier. — Il est permis de penser qu'elles les reportaient aux mois de juillet et août, pour que les recettes du premier de l'an ne fissent pas trop de tort à celles des fêtes.

Elles obligeaient les adjointes à s'occuper de faire rentrer l'argent nécessaire pour acheter le cadeau. Ces demoiselles étaient généralement peu disposées à se prêter à cette manœuvre. — L'adjointe disait en classe : « Mesdemoiselles, » voilà la fête de Madame qui approche, il faut apporter de » l'argent pour acheter le cadeau. » Cette supplique se renouvelait tous les jours; les enfants, ou plutôt les parents s'y prêtaient en général de très mauvaise grâce.

Cette collecte procurait à peu près de 150 à 200 fr. dans les années ordinaires. — Ces dames exigeaient qu'il fût fait une liste des élèves qui avaient donné et que la liste leur fût remise. — Cette précaution semblait être prise, afin de distinguer les élèves qui avaient donné de celles qui n'avaient pas donné, afin d'être plus sûr de distribuer à l'occasion les faveurs et les récompenses aux plus généreuses : c'était de règle générale dans ces deux écoles.

Quand ces dames avaient besoin d'un objet quelconque; d'un bracelet en or (1), par exemple, on achetait le bracelet, il existait réellement un cadeau, mais si on ne voulait rien, on faisait paraître un objet quelconque, soit des couverts d'argent ou tout autre objet; et l'on disait que c'était le cadeau. De cette façon, on s'emparait tout simplement du montant de la souscription.

Cette fête avait lieu sans préjudice du jour de l'an; il fallait bien offrir un peu d'étrennes : cela faisait donc deux impôts indirects que les parents subissaient dans l'année.

Les écoles étant gratuites, je pense que ces sortes de manœuvres devraient être rigoureusement interdites : elles se prêtent trop aux abus.

En 1880, deux ajointes refusèrent d'obéir; elles furent remplacées par deux grandes élèves.

Mlle C... a été adjointe chez Mme Provost, depuis le mois de septembre 1879 jusqu'au 15 février 1881; elle a donc assisté aux deux premiers de l'an de 1880 et 1881 et à une fête; il a été demandé de l'argent à ces trois époques.

Dans la classe de Mlle C..., les choses se passaient comme dans les autres classes. — Elle a été invitée à demander de l'argent pour la fête du mois d'août; elle l'a fait une ou deux fois, mais comme cela lui répugnait, elle ne refusait pas de le faire, mais elle ne le faisait pas : de sorte que dans cette classe aussi, les plus grandes élèves ont été chargées de remplir le rôle de l'adjointe. Cette année 1881, elle estime qu'on a reçu une centaine de francs.

(1) Une année Mme Tarroux s'est acheté un bracelet en or.

A cette fête, il n'a pas été montré de cadeau aux enfants, qu'est devenu l'argent ?

J'ai cru devoir insérer ces faits dans mon enquête, quoiqu'ils soient un peu en dehors de la direction des classes, parce qu'ils constituent, selon moi, une véritable exploitation, et cela est si vrai, que l'autorité a pris des mesures pour qu'il n'en soit plus ainsi à l'avenir, ce qui a du reste réalisé le vœu exprimé par M. Le Romain lui-même.

DES CIERGES

M. Le Romain dit :

« On a reproché, en outre, aux institutrices de prélever » un bénéfice sur les cierges mis par elles à la disposition » des enfants de la première communion, lorsque les » parents le demandent. L'une de ces dames a formellement contesté le fait; l'autre a reconnu qu'elle recevait » sur le prix de chaque cierge une remise de 50 centimes » environ, destinée à l'indemniser du risque de l'insolvabilité possible de ceux pour le compte desquels elle achetait. — Il *paraît* certain que les maisons d'éducation bénéficient souvent de pareilles concessions dans des circonstances analogues; quoi qu'il en soit, soucieux de voir les » instituteurs écarter tout ce qui, de près ou de loin, » ressemblerait à un trafic, nous persistons à croire qu'il » vaut mieux laisser désormais les familles pourvoir elles-mêmes à ce soin. »

Je ne saurais trop louer l'excellent conseil qui termine le paragraphe que je viens de transcrire. Oui, la spéculation sous toutes ses formes doit être absolument bannie des écoles. Les instituteurs et institutrices ne doivent, à aucun prix, compromettre leur dignité, leur prestige, le respect que leur doivent les élèves, en se livrant à un trafic quelconque qui, selon les caractères plus ou moins élevés, peut quelquefois dégénérer en abus scandaleux.

Je n'aurais fait aucune réflexion sur ce paragraphe sans une phrase malheureuse, comme en produit si souvent M. Le Romain qui veut absolument, *per fas et nefas*, tout expliquer favorablement, même quand l'évidence est contre lui.

Une de ces dames dit n'avoir jamais reçu la remise de

cinquante centimes sur le prix des cierges. — Soit. Je suis trop poli et trop galant pour révoquer en doute son dire.

Quant à l'autre, qu'on ne nomme pas, et qui avoue avoir reçu les cinquante centimes, pourquoi diable le Rapporteur, qui aurait pu se borner à constater le fait, qui, en somme, n'a rien de bien coupable, va-t-il s'aviser d'ajouter que cette petite remise, *qu'elle recevait sur le prix de chaque cierge, était destinée à l'indemniser du risque de l'insolvabilité POSSIBLE de ceux pour le compte desquels elle achetait.*

Mais non, M. le Rapporteur, l'idée principale etait de se procurer un bénéfice, et quant aux risques d'insolvabilités *possibles,* ils n'étaient pas grands, en admettant toutefois qu'ils existassent réellement.

(Extrait du rapport Moreau). — Là ne se borne pas la spéculation, il y a aussi les cierges ; c'est Mme Tarroux qui les fournit. En réunissant les enfants des paroisses à celles de l'école, il y a environ cent enfants qui font leur première communion. En supposant le bénéfice modeste de cinquante centimes par cierges, cela fait un petit boni de cinquante francs.

ACQUISITIONS

faites par M. et Mme Tarroux et par Mme Provost dans leur intérêt personnel et mises, sur leur demande, au compte de la Ville.

A la suite de ce sommaire, M. le Rapporteur s'exprime ainsi : « MM. Marx, Verdier, Thébaud et Proust, fournis- » seurs, dont les noms avaient été mis en avant, ont » affirmé avec énergie à la Commission que ces accusa- » tions étaient absolument fausses, ajoutant, avec une » légitime susceptibilité, que leur honorabilité commerciale » les protégeait suffisamment contre de telles sollicita- » tions. »

Loin de moi l'idée d'attaquer et de mettre en doute l'honorabilité commerciale des noms cités par M. le Rapporteur ; seulement, je pourrais produire plusieurs témoignages de personnes également fort honorables et n'ayant aucune raison pour diffamer Mmes Tarroux et Provost, lesquelles avaient été chargées de messages qui, évidemment, avaient le caractère que je leur ai donné dans mon enquête. D'ailleurs, est-ce que MM. les fournisseurs pouvaient se rendre compte de la destination des objets qu'on leur demandait ?

Je ne veux pas non plus m'inscrire en faux contre les déclarations de ces Messieurs, j'aime mieux croire que les personnes dont j'ai reçu les témoignages aient fait une fausse appréciation des ordres qui leur avaient été donnés, mais pour lesquelles je réclame tout au moins le bénéfice de la bonne foi.

FAIT HAIGRON

A propos du fait Haigron, M. le Rapporteur entre dans d'assez longs développements où il signale, en effet, dans les détails plusieurs circonstances contradictoires, mais qui ne détruisent en rien le fait principal, qui est l'offre faite à Mlle Haigron par M. Tarroux, de lui faire obtenir son brevet d'institutrice sans qu'elle subisse d'examen préalable ou autrement, et cela moyennant une somme quelconque.

M. Tarroux, devant la Commission, a nié énergiquement. Mlle Haigron a affirmé, non moins énergiquement, que l'offre lui a été faite. Lequel croire ?

Il est de ces choses qu'on n'invente pas, qui ne peuvent pas être inventées et celle-ci est du nombre. Il aurait fallu à Mlle Haigron une audace, une perversité telles qu'il est absolument impossible de les lui supposer, pour attribuer mensongèrement à M. Tarroux la susdite proposition.

Donc, entre la négation de M. Tarroux, si fortement intéressé dans la question, et l'affirmation de Mlle Haigron, déclarant qu'elle n'aurait jamais voulu de brevet obtenu de cette manière, il n'y a pas, selon moi, à hésiter et je suis plus que convaincu que la majorité se prononcera pour cette dernière.

FAIT BIZIOU

L'enquête officielle poursuit :

» Il est certain et reconnu par tous que le sieur Biziou
» n'a touché pendant un an environ, du mois d'août 1874
» au mois d'août 1875, que 6 francs sur le mandat mensuel
» de 41 fr. 75 c. qui lui était délivré, en qualité de concierge
» de l'école tenue alors, rue du Trépied, par Mlle Robert,
» aujourd'hui Mme Tarroux; qu'il a touché ensuite 12 francs
» sur le même mandat jusqu'à son installation à l'école rue

» Saint-Léonard, époque à partir de laquelle il a reçu l'intégralité de la somme ordonnancée. »

Tout cela est parfaitement vrai. Il est vrai aussi que M. Biziou a déclaré, — qu'il était suffisamment rétribué pour la besogne qu'il faisait. Il est vrai encore qu'il n'aurait pas demandé mieux que d'en faire davantage sinon même de la faire tout entière, comme il est prouvé par ces quelques lignes que j'emprunte à M. Vivier, défendant une cause juste, devant le Conseil municipal :

« Le rapport, je vous l'avoue, Messieurs, dit M. Vivier, ne » me satisfait pas. M. Biziou reconnait quoi ? qu'il était » suffisamment rétribué pour le travail qu'il faisait ; mais » ce qui est difficile de reconnaitre et surtout d'admettre » (j'appelle sur ce point, Messieurs, votre attention), c'est » que malgré deux demandes réitérées de faire chaque » jour le nettoyage, en un mot le service de concierge, pour » toucher intégralement son traitement, il n'y a pas été » autorisé, ne recevant chaque fois, de Mme la Directrice, » que cette réponse :

» *Si vous n'êtes pas content, vous savez, vous n'avez qu'à le dire.* »

Pourquoi ce refus brutal et menaçant ? Pourquoi, puisqu'il fallait une femme de journée, Mme Tarroux a-t-elle préféré une étrangère à Mme Biziou qui s'offrait avec d'autant plus d'empressement que les besoins étaient plus grands. Ce choix était pourtant tout naturel, mais cette combinaison ne pouvait convenir à Mme Tarroux, parce qu'elle exigeait le paiement intégral du traitement et que cette dame avait des raisons sans doute pour qu'il n'en fût pas ainsi. Je laisse aux lecteurs le soin de les chercher ; quant à moi, j'avoue que je suis loin de trouver suffisantes les raisons mises en avant par M. le Rapporteur.

En effet, cet étalage de charges qui, selon M. Le Romain, incombaient à Mme Tarroux, et dont je m'abstiens de donner la nomenclature ridicule, inscrite dans le rapport, sous la dictée de Mme Tarroux, faisant admettre à la crédulité naïve de M. Le Romain que le surplus des mandats Biziou était *au moins* absorbé par une légion de femmes de journées légendaires, nettoyant, entr'autres choses, des lampes non moins légendaires, comme on l'a déjà fait remarquer ailleurs.

Ainsi, Mme Tarroux y mettait du sien !!... Il était pourtant bien facile à Mme Tarroux, en employant Mme Biziou, qui ne demandait pas mieux, d'éviter que les 29 ou les 35 francs, reste des mandats Biziou, fussent *au moins* absorbés ; elle n'aurait eu aucune mauvaise chance à courir.

Quant à moi, je ne crois point à ces prétendus sacrifices, ni M. le Rapporteur non plus, quoi qu'il en dise, étant donné l'esprit inventif et spéculateur bien connu de l'institutrice de la rue Saint-Léonard.

Les appointements de M. Biziou étaient de 41 francs par mois et, pendant deux ans, il a été réduit à la portion congrue de 6 francs par mois la première année et 12 francs la seconde.

Un cas semblable s'est présenté pour l'école protestante de la rue Dugommier, alors dirigée par M. et Mme Rousseau. Là aussi, il n'y avait pas de logement pour le concierge; seulement les choses se sont passées d'une manière plus correcte et qui fait honneur à M. et Mme Rousseau. Ces honorables fonctionnaires n'ont pas hésité à accorder à leur concierge la faculté de faire entièrement le service, ce qui entrainait naturellement le paiement complet de leur traitement.

LES LIVRES

Je lis dans le rapport de M. Le Romain :

« Une déclaration en date du 17 avril 1881, signée de
» M. et de Mme Rousseau, porte ce qui suit :
» M. et Mme Tarroux ont dit à M. et Mme Rousseau qu'il
» fallait, à chaque distribution de prix, prendre des livres
» pour se faire une bibliothèque. »

Et plus bas :

« Devant la Commission, en effet, M. et Mme Rousseau,
» qui reconnaissent loyalement les dissentiments graves
» existant entr'eux et M. Tarroux, n'ont point accepté la
» responsabilité de la déclaration qui vient d'être repro-
» duite. M. Tarroux, d'après eux, est seul en cause, et il se
» serait borné à dire : « *Qu'on pourrait* se former une
» bibliothèque avec des livres de prix. »

« Paroles qui n'auraient été suivies d'aucune observation
» de leur part. »

« Qui ne sent la différence radicale des deux versions ? »

D'accord, cette différence est même ÉTONNAMMENT radicale.

Je ne me livrerai pas à la recherche des causes qui ont pu amener cette *différence radicale* dans la déclaration de M. et Mme Rousseau, dans l'honorabilité desquels j'ai une entière confiance.

Bien des réflexions, cependant, me sont venues à la pensée et si je ne les produis pas, c'est que je suis convaincu que le lecteur n'a pas besoin de les connaître pour se faire une appréciation qui s'impose, pour ainsi dire, d'elle-même.

M. le Rapporteur, après avoir cherché à établir *l'impossibilité* de distraire des livres et de former avec eux une bibliothèque sérieuse, termine ainsi :

« Inutile d'insister. Inutile, vous nous le concèderez » également, Messieurs, après l'examen auquel nous » venons de nous livrer, de relever, dans cette intermi- » nable inculpation, le grief produit contre Mme Provost, » d'avoir fomenté, le jour d'une distribution de prix, je ne » sais quel désordre factice, afin d'enlever à deux ou trois » élèves des livres qui leur appartenaient; *alors surtout* » *qu'il est appris que les certificats d'études ne sont accom-* » *pagnés d'aucun prix.* »

Je n'ai point parlé de désordre, ni factice, ni autrement; je n'ai point accusé Mme Provost de l'avoir fomenté; seulement ce qui est *certain*, ce qui a été attesté par une mère de famille, qu'on n'a pas osé démentir, c'est qu'il y a eu des prix qui n'ont pas été distribués.

Le rapport dit : « ..... Je ne sais quel désordre factice, » afin d'enlever à deux ou trois élèves ayant obtenu des » certificats d'études, les livres qui leur appartenaient, » *alors, surtout, qu'il est appris que les certificats d'études* » *ne sont accompagnés d'aucun prix.* »

D'abord, ce n'est pas de deux ou trois prix qu'il s'agit, mais bien de quatorze.

De qui M. le Rapporteur a-t-il *appris* que les certificats d'études n'étaient accompagnés d'aucun prix? Cependant, la Commission a dû, selon son habitude constante, se livrer, sur ce point, à une étude approfondie qui aurait dû l'éclairer sur un fait qui valait bien la peine qu'on s'y arrêtât.

Je ne sais si, dans d'autres établissements, les certificats d'études ne sont accompagnés d'aucun prix, c'est possible. Je n'ai rien *appris* à cet égard; mais tout ce que je sais, c'est qu'il *est certain* que ce jour-là, à cette distribution, il en était autrement à l'école de Mme Provost, car des prix étaient tellement joints aux certificats d'études, que je me procurerai le plaisir de mettre sous les yeux de l'honorable M. Le Romain la reproduction du modèle officiel d'attestation qui accompagnait chaque volume et était placé à l'intérieur, comme cela se fait ordinairement, et que j'avais eu la précaution de reproduire dans mon enquête. Comment ce modèle, reproduit dans sa forme typographique, a-t-il pu échapper à l'un des *examens approfondis* dont la Commission a été si prodigue, surtout dans le rapport?

Voici du reste le récit exact de ce qui s'est passé dans ce jour mémorable, récit que je maintiens dans toute sa rigueur, et auquel la Commission embarrassée n'a fait, comme on vient de le voir, qu'une allusion aussi dédaigneuse que timide, terminée par l'affirmation d'un fait parfaitement controuvé.

(Enquête Moreau). — Mme veuve Paulin, confectionneuse de lingerie, quai des Tanneurs, n° 5, avait sa fille chez Mme Provost, elle avait obtenu le certificat d'études. — Mme Paulin, s'apercevant que sa fille n'avait pas de prix, revint immédiatement à la salle de la Renaissance pour le réclamer. — Mme Paulin, dans cette circonstance, fut très énergique. Mme Provost lui dit : qu'il n'avait été donné que trois prix pour les lauréats aux certificats d'études, etc., etc... et que dans cette bousculade on lui avait volé les plus beaux prix. — Cette dame réclama de nouveau son prix, en lui disant : Madame, si vous ne donnez pas le prix de mon enfant, dans une heure les livres classiques de ma fille seront chez vous. — Mme Provost, qui tenait beaucoup à cette excellente élève, se ravisa, et dit à Mme Paulin : Mais, ma chère dame, votre enfant n'a pas reçu toutes les récompenses qu'elle méritait. — La preuve que je ne veux pas lui faire un cadeau, c'est que son attestation est dans son prix. — Alors, elle se mit à cajoler cette enfant, etc., etc.

Ce langage mielleux, qui semble de bon aloi, est le langage habituel de Mme Provost. Il est bien évident que si Mme Paulin ne s'était pas *gendarmée*, comme elle le dit, elle n'aurait pas eu le prix de sa fille. — La preuve, c'est que Mme Prougetet qui n'a pas persisté à réclamer le prix de la sienne, il ne lui a pas été remis. — Il en est de même de toutes les autres élèves qui avaient obtenu le certificat d'études. — Ainsi, sur quatorze prix qui leur étaient destinés, quatre seulement ont été donnés. — Que sont devenus les autres ?

Mme Paulin, qui a aidé Mme Provost à chercher l'attestation de sa fille, a vu des attestations destinées aux autres lauréats.

Voici ses propres paroles : — J'ai vu les prix des autres élèves; j'ai aidé à chercher celui de ma fille, c'est à ce moment que j'ai vu les attestations de ses camarades.

MODÈLE DES ATTESTATIONS

ÉCOLE COMMUNALE

Rue Sarrazin

—

CERTIFICAT D'ÉTUDES PRIMAIRES

OBTENU PAR

Mlle AUGUSTA PAULIN

Nantes, le 16 août 1879

Directrice,

Mme PROVOST

DES OUVROIRS

Je lis dans l'enquête officielle :

« Il est certain que Mmes Tarroux et Provost ont fait » confectionner dans les écoles des objets de lingerie, non » luxueux comme on l'a prétendu — (Mlle Martin a déclaré » le contraire à la Commission); mais destinés au service » de leurs familles ou de leurs ménages.

» Il est certain qu'à plusieurs reprises, notamment à » l'époque des expositions, des articles de lingerie, préparés » dans les ouvroirs, ont été ensuite vendus.

» Mais il est également certain que le régime des Ouvroirs » n'est point encore organisé. — La matière ouvrable » manque souvent, parce que les familles répugnent à » confier aux enfants des objets qui peuvent être détériorés ou » perdus. — Dans cet état de choses, la direction de l'enseignement et la municipalité, qui prend à sa charge quelques » fournitures d'importance secondaire, ont, jusqu'à ce jour,

» laissé les institutrices libres, *ou peut s'en faut*, d'agir » comme bon leur semblerait. — D'où la conséquence que » tant qu'un règlement formel ne leur aura point prescrit » la conduite qu'elles doivent tenir à cet égard, il n'apparait » pas que leur responsabilité puisse être engagée de ce » chef. »

On voit par la citation ci-dessus qu'il *est appris*, qu'il est *certain* que Mmes Tarroux et Prévost usaient et même abusaient des ouvroirs à leur profit; seulement les objets qu'elles y faisaient confectionner n'avaient rien de luxueux (ce que je me permets de mettre en doute, malgré la *nouvelle* déclaration de Mlle Martin). Qu'importe que ces étoffes fussent luxueuses ou non, en quoi cette différence atténue-t-elle la spéculation de ces dames? — En bénéficiaient-elles moins des façons des objets de lingerie destinés aux services de leurs familles ou de leurs ménages?

Cet aveu est précieux, et je le signale avec d'autant plus de plaisir, que la Commission et M. le Rapporteur ne m'ont pas gâté sous ce rapport; mais attendons le correctif, qui ne peut manquer de se produire.

« Il est CERTAIN qu'à plusieurs reprises, notamment à » l'époque des expositions, des articles de lingeries, préparés » par ces ouvroirs, ont été ensuite vendus! » — Au profit de qui? — Le Rapporteur est muet sur ce point. Il me semble qu'il aurait dû le dire, afin d'éviter toute équivoque; le public est si malin : ne pourrait-il pas se tromper quand il n'est pas suffisamment éclairé?

M. le Rapporteur argumente de ce fait que les ouvroirs n'étaient pas encore organisés. — Soit, mais du moment qu'on pouvait en tirer des services, pourquoi ne les a-t-on pas utilisés en faveur de la bienfaisance, au lieu de les utiliser au profit de personnes qui n'en avaient pas besoin?

Mais, dit-on, *les familles répugnaient à confier aux enfants des objets qui pouvaient être détériorés ou perdus*. Il est *certain*, il est également *appris* que Mmes Tarroux et Provost ne partageaient pas la crainte des familles, et qu'elles y allaient bravement, sans se préoccuper si leurs étoffes couraient le risque d'être détériorées ou détruites.

Est-ce qu'il n'y avait pas, dans ces modestes établissements, des directrices chargées de veiller à la bonne confection des objets confiés aux enfants? — Je suis tenté de demander à ces dames combien ces petites ouvrières leur ont détérioré ou perdu d'étoffes?

Mais, M. le Rapporteur dit, pour pallier ces abus, que la

municipalité, atteinte et convaincue de tolérance chronique irrémédiable, a laissé, jusqu'à ce jour, *les institutrices libres*, OU PEU S'EN FAUT, *d'agir comme bon leur semblerait.*

Ainsi, les institutrices pouvaient, ou *peu s'en faut*, abuser à leur profit, d'ouvroirs qui, bien certainement, n'avaient pas été organisés à cette fin. — Au lieu de faire leur possible pour faire produire à ces utiles établissements tout le bien qu'on était en droit d'en attendre, Mmes Tarroux et Provost occupèrent à leur bénéfice le temps de plus ou moins de jeunes filles qui auraient été si heureuses de travailler pour elles et pour leurs parents, en procurant, par ce fait, quelque soulagement à leurs familles. — Mais, charité bien ordonnée...

Pourquoi ces dames n'ont-elles pas fait comme Mlle Bordillon dont je reproduis, avec le plus grand plaisir (d'autant plus que cela me repose l'esprit), l'œuvre si humanitaire, si désintéressée, si touchante. — Cette demoiselle, dont le généreux dévouement n'est plus à signaler, s'est bien gardée d'employer le temps de ses élèves à confectionner ses propres objets de lingerie et autres.

M. Le Romain, avec son inépuisable indulgence, trouve que Mmes Tarroux et Provost ont eu raison d'économiser pas mal de journées d'ouvrières, et déclare qu'elles n'ont encourues de ce *chef* aucune responsabilité.

Qui donc est responsable, alors ? Si ce ne sont pas Mmes Tarroux et Provost, c'est évidemment l'Administration municipale qui avait négligé ou peut-être oublié d'organiser le régime des ouvroirs en temps convenable. — Ce n'eût pas été difficile aux directrices d'organiser les ouvroirs. Avec de la bonne volonté et un bon cœur, c'eût été bientôt fait.

Dans l'école de Mlle Bordillon, que l'on considérait comme notre école professionnelle de filles, à laquelle il était accordé une subvention de 5,000 francs, les choses se passaient ainsi :

Mlle M..... avait la direction de l'ouvroir. Ce sont les élèves qui apportaient du travail et qui l'exécutaient. Une fois ces travaux terminés, ils étaient emportés par les enfants qui s'en servaient à leur usage.

Chez Mlle Bordillon, on recevait aussi des matières premières données par la bienfaisance ; là, on s'empressait de les transformer en vêtements et de les distribuer aux enfants qui en avaient le plus besoin.

Pendant l'exercice 1879-1880, ces étoffes ont été confectionnées en chemises, pantalons et sarraux pour garçons ; en chemises, robes et sarraux pour filles. — Ces vêtements ont été distribués dans les salles d'asile de Saint-Félix, Saint-Jacques et Saint-Nicolas.

Accompagnées de leurs maîtresses, cette distribution a été faite par les fillettes qui avaient le plus et le mieux travaillé à la confection de ces vêtements. C'était pour elles une récompense et une douce joie, c'était une véritable fête de famille. Quatre-vingts enfants, dans l'asile Saint-Félix, reçurent chacun une chemise, un pantalon ou un sarrau pour les garçons ; une chemise, une robe ou un sarrau pour les filles. — Dans les asiles de Saint-Jacques et de Saint-Nicolas, les enfants reçurent à peu près une même quantité d'objets.

Inutile de dire combien ces enfants étaient heureuses de faire cette distribution, combien elles étaient animées du désir de faire du bien ; puisqu'en revenant de ces asiles, elles demandèrent l'établissement d'un tronc dans l'école pour que chaque élève puisse y déposer sa modeste économie.

Le tronc recevait pas mal d'offrandes qui, transformées en vêtements, étaient consciencieusement distribuées.

Voilà ce qui est bien et beau, voilà ce qui se passait chez Mlle Bordillon, et ce qui aurait dû se passer chez Mmes Tarroux et Provost. — Nous allons voir s'il en était ainsi.

(Enquête Moreau). — Dans l'école de Mme Tarroux, il était expressément défendu aux élèves d'apporter du travail ; et si, par exception, il arrivait qu'une élève, sur le conseil de Mlle M....., apportât le moindre objet, un mouchoir par exemple, il fallait qu'elle fournisse les petites fournitures. Il était défendu de leur en procurer, et si l'élève ne se conformait pas à cette exigence, son travail ne se faisait pas.

Il y avait quelques élèves qui se refusaient de travailler pour Madame, et si elles apportaient un peu de besogne, elles l'exécutaient en se cachant autant que possible.

D'après ce qui précède, on est en droit de se demander ce que l'on faisait dans les ouvroirs !.....

On travaillait pour les besoins de la maison Tarroux, pour ses enfants. On faisait du linge de toutes sortes, des chemises avec des devants à jours pour Monsieur, par douzaine ; des taies d'oreillers brodées, des cols, des sarraux brodés, des nappes brodées, des serviettes brodées, *des débarbouillards brodés*, des rideaux que l'on faisait broder par les enfants, travail de luxe et fort difficile. A cette époque, il se faisait des bandes brodées pour rideaux, etc., etc., sans oublier les robes de Madame, celles de ses enfants, de sa sœur, de sa fille et de ses petits-enfants, etc., etc. Tous les objets étaient faits avec des étoffes magnifiques.

Ces travaux exigeant plus de savoir que n'en possédaient les enfants, il fallait de la part de Mlle M... non-seulement une surveillance des plus actives, mais aussi qu'elle fît une grande partie du travail pour qu'il puisse servir et satisfaire les exigences de Mme Tarroux. — De sorte que Mlle M..., qui était la directrice de l'ouvroir, fut obligée d'abandonner parfois ses attributions d'adjointe et de surveillante pour devenir la simple et modeste ouvrière de la famille Tarroux.

Pendant les années précédant l'exercice de 1880-1881, il n'a été fait aucun travail dans l'atelier de Mme Tarroux au profit des enfants.

Les grands travaux de Mme Tarroux se faisaient principalement aux changements de saisons. Afin d'activer le travail, il arrivait parfois que l'on prenait sur le temps des classes. La preuve c'est qu'elle donnait à l'ouvroir de la besogne pour bien longtemps. Il ne fallait donc plus songer à faire des travaux pour les enfants. (1879).

Chez Mme Provost, pendant les quatre premières années, les travaux à l'aiguille se sont faits pour le compte de Mme Provost, desquels elle se faisait payer. — Cependant, depuis l'exercice 1880-1881, il s'est fait un peu de travail pour les enfants, mais cela n'était dû qu'à la résistance et à l'énergie de Mmes Bruer et Drouet et cela malgré les mauvais procédés de Mme Provost, qui sont si méchants et si grossiers, que ces dames n'osent les répéter.

DES COURS D'ADULTES

Je reviens au rapport :

« Enfin, il est appris à la Commission que, lorsque
» Mme Tarroux n'avait pas présidé aux cours d'adultes,
» l'administration en était avisée ; et Mlles Léonard et
» Dubois, institutrices-adjointes, ont déclaré que si, durant
» l'année 1877-1878, elles avaient, *pendant quelque temps*,

» dirigé *à trois* les classes d'adultes sans augmentation de » traitement, c'était d'un commun accord, et sans qu'au- » cune pression eût été exercée sur elles. Rappelons aussi » que, s'il y a eu quelques interruptions dans l'enseigne- » ment de Mme Provost, c'est qu'elle avait, coup sur coup, » perdu son mari et son enfant. Il est pénible de constater » qu'une telle excuse ait été obstinément mise en oubli. »

Le sentimentalisme de M. Le Romain a-t-il bien, autant qu'il semble le croire, sa raison d'être? Toutefois, quant aux observations que je pourrais faire à l'égard de Mme Provost, je m'en abstiendrai par respect pour sa douleur.

Il a été appris à la Commission que, lorsque Mme Tarroux n'avait pas présidé aux cours d'adultes, l'Administration en avait été avisée.

Ainsi, quand il ne plaisait pas à Mme Tarroux de remplir l'un de ses devoirs, elle en avisait l'Administration et tout était dit. *La tolérance* la couvrait de son voile, et sa responsabilité disparaissait.

Cependant, il fallait bien que les cours se fissent; alors on en chargea Mlles Léonard et Dubois, auxquelles on associa Mlle David, simple pensionnaire.

Ces trois demoiselles consentirent à faire le travail, *sans augmentation de traitement* et *d'un commun accord* — par pure générosité et dévouement, — et cela *sans qu'aucune pression n'ait été exercée sur elles.* Ce luxe de précautions oratoires, qui, je l'avoue, m'a rendu rêveur, n'a pas été sans jeter un certain doute dans mon esprit, ne comprenant pas qu'on se défende contre une accusation qui n'a pas été formulée. Mais, toutes les précautions sont bonnes à prendre, même les inutiles.

Sans augmentation de traitement. — Là, M. Le Romain fait preuve d'ignorance. Il ne pouvait y avoir lieu à aucune augmentation de traitement, puisque chaque année le Conseil vote une indemnité de 125 francs en faveur de chaque adjointe appelée à faire un cours d'adultes, et 200 francs pour l'institutrice qui ne faisait rien du tout et qui n'avait d'autre peine que celle *d'aviser* l'autorité.

Pendant l'hiver de 1877-1878, deux adjointes, Mlles Léonard et Dubois, furent appelées, chez Mme Tarroux, à diriger les cours d'adultes. — Par un artifice de langage des plus habiles, et sans avoir l'air d'y toucher, M. le Rapporteur glisse subrepticement, parmi ces deux demoiselles, une troisième personne dont il se donne bien garde de révéler le nom et la position dans l'école. Or, cette aide que l'on donnait à Mlles Léonard et Dubois, destinée à remplacer Mme Tarroux, était précisément Mlle David dont je parle plus haut.

Mlle David était tout simplement *pensionnaire*, ce qui prouvait que, pour Mme Tarroux, les pensionnaires n'étaient pas toujours un *embarras* et un *ennui* et qu'à l'occasion elle savait les utiliser, *sans frais,* comme on va le voir.

Ce qui explique le silence de M. le Rapporteur à l'égard de Mlle David, c'est qu'il aurait donné, en en parlant, la preuve *officielle* de la présence, chez Mme Tarroux, de pensionnaires en fraude... Mais, que dis-je en fraude... Il n'y avait jamais de fraude pour ces dames..... est-ce que la *tolérance* administrative n'avait pas été inventée et mise à la disposition de la Commission pour tout expliquer et tout légitimer ?

Sans augmentation de traitement. — Le plus juste aurait été de dire que Mlles Léonard et Dubois acceptaient (les excellents cœurs), non-seulement sans augmentation de traitement, mais bien avec *diminution de traitement.* Ce qui est un comble d'habileté financière.

Le *quelque temps* de M. le Rapporteur, qu'il faut traduire par *cinq mois*, étant écoulé, naturellement le quart d'heure de Rabelais arriva, il fallut liquider la position. — Trois personnes avaient fait la besogne, deux seulement avaient droit à une indemnité de 125 francs. — Que faire ? — Oh ! c'était bien simple pour des esprits aussi inventifs que ceux de ces dames. — On capitalisa les deux sommes de 125 francs, soit 250 francs, que l'on divisa en trois portions. — Ce n'était pas plus malin que çà. — De sorte que Mlles Léonard et Dubois, au lieu de voir leur traitement *augmenté,* subissaient une diminution de 42 francs, ce qui, malgré leur *commun accord,* n'a pas dû augmenter leur enthousiasme pour les cours d'adultes.

Quant à Mme Tarroux, qui, en toute justice, aurait dû indemniser Mlle David qu'elle avait employée, *quoiqu'elle ne fût pas adjointe,* garda les 200 francs en récompense des peines qu'elle ne s'était pas données.

Voilà, en substance, ce que M. le Rapporteur est parvenu à dissimuler dans son paragraphe énigmatique; à moins, ce qui n'est pas absolument impossible, qu'il ait tout simplement péché par ignorance : alors la *tolérance* du public lui sera acquise.

Déposition de Mlle Morel. — Les deux mandats d'adjointes affectés au cours d'adultes ont été divisés en trois parties égales par Mme Tarroux, et données à Mlle Léonard, Mlle Dubois et Mlle David, qui ont fait les cours; Mlle David n'était pas adjointe, elle n'était que pensionnaire.

Chez Mme Provost les choses se passaient de la même façon, comme on va le voir.

Pendant l'hiver, il se faisait chez Mme Provost trois cours d'adultes; ces cours duraient cinq mois. Pendant l'hiver 1877-1878, Mlle V... fit un de ces cours, Mlle D... en fit un autre. Ces deux demoiselles seulement recevaient une indemnité de 125 francs. Le troisième cours devait être fait par Mme Provost; comme d'habitude elle ne descendait pas, elle faisait faire son cours par Mlle C... A la fin des cours il fallait payer; il s'agissait de trouver un moyen pour que le mandat de Mme Provost ne fût pas atteint; ce moyen fut bientôt trouvé : Mme Provost fit diviser les deux mandats de ces demoiselles en trois parts, de sorte que ce furent Mlles V... et D... qui payèrent Mlle C... Mme Provost a donc reçu le montant intégral de son mandat.

CONCLUSION DU RAPPORT

M. le Romain termine ainsi son *lumineux* rapport :

« Telles ont été, dans leur ensemble, Messieurs, les » investigations auxquelles nous nous sommes livrés; et » nous tenions si résolument à tout savoir, que nous » n'avons fait état, dans cette enquête, ni *d'antécédents* » *plus que fâcheux*, ni d'irritations manifestes de solliciteurs légitimement éconduits, qui eussent pu discréditer » à l'avance plusieurs témoignages recueillis.

« Il ne reste plus qu'à soumettre à votre appréciation » définitive les conclusions qui découlent de cette étude et » que vous pressentez. »

M. le Rapporteur dit que la Commission *tenait résolument à tout savoir.* Pourquoi, alors, un certain nombre de personnes, en outre de celles qui appartiennent à l'enseignement, citées dans mon enquête, n'ont-elles pas été appelées au sein de la Commission? — Pourquoi, des faits que je considère comme graves, et que je ferai connaître plus loin, ont-ils été passés sous silence?

M. le Rapporteur cherche à jeter de la défaveur sur mes renseignements en parlant assez obscurément de *solliciteurs légitimement éconduits.* Je déclare ne pas comprendre ce que cela veut dire. Je proteste hautement contre ces insinuations perfides. — Tous les témoignages, quelle que soit leur origine, qui ont été déposés, ont été contrôlés avec le plus grand soin, et je n'ai admis dans mon travail que ceux dont j'avais moralement la certitude. Dans le nombre considérable de dépositions que j'ai reçues, j'en ai éliminé un certain nombre qui ne me paraissaient pas suffisamment prouvées ou qui me semblaient entachées de passion. J'ai été, je ne crains pas de l'affirmer, beaucoup moins *crédule* que Messieurs de la Commission.

Aussi, je maintiens tous mes dires, avec d'autant plus d'énergie que le rapport, malgré des efforts inouis et des subtilités de langage de la plus grande habileté, a laissé debout une œuvre très sérieuse à laquelle ont présidé la plus grande prudence et la plus grande loyauté.

Je n'ai eu qu'un seul but, en me livrant à cette enquête, qui devait rester secrète, c'était d'appeler l'attention, comme le jugèrent utile et même urgent les personnes dont je croyais être l'organe attitré; c'était d'appeler, dis-je, l'attention sur des abus à supprimer et des réformes à exécuter.

Malgré le parti-pris d'hostilité qui a accueilli mon travail que je ne supposais pas destiné à faire tant de bruit, des abus révélés ont été détruits, des réformes signalées ont été accomplies.

M. le Rapporteur dit également qu'on n'a pas *fait état d'antécédents plus que fâcheux*. Voilà une phrase plus malheureuse pour celui qui l'a écrite que pour la personne à laquelle elle fait allusion.

Et quoi! lorsque l'expiation a effacé une faute, égarement d'un moment aussitôt réparé, vous ne craignez pas d'évoquer un pareil souvenir contre un citoyen que la conduite irréprochable depuis tant d'années a classé parmi les pères de famille les plus travailleurs, les plus sages et les plus dévoués à leurs devoirs.

Ce qui est plus fâcheux peut-être encore, c'est que vous, Monsieur, qui portez une robe si justement honorée, dont le devoir est de défendre les accusés, qui êtes presque un magistrat, n'ayez pas compris que, dans cette circonstance surtout, le silence vous était imposé plus qu'à tout autre.

« Il y a eu, sans doute, des irrégularités plus ou moins » graves, imputables *à divers*, et nous les avons signalées » chaque fois qu'elles nous sont apparues; mais il n'y a » *rien*, absolument *rien* dans les faits appris, qui justifie, » *suivant nous*, les accusations formulées. »

Comment la Commission, par l'organe de son Rapporteur, a-t-elle pu se résoudre à reconnaître en termes précis qu'il *y a eu des irrégularités plus ou moins graves*, mais enfin *graves!* Comment se fait-il, alors, que pas le plus léger blâme n'a été infligé À DIVERS qui avaient commis ces *irrégularités plus ou moins graves?*

Cependant, M. le Rapporteur, si vous admettez des *irrégularités* quelconques, comment concilier vos prémisses avec cette phrase phénoménale qui vous sert de conclusion : *Mais il n'y a rien, absolument rien qui justifie, suivant nous, les accusations formulées.* Contradictions sur contradictions. Volonté bien arrêtée de justifier ce qui est coupable, même suivant vous.

Mais, M. le Rapporteur, votre perspicacité de plaideur ne s'est donc pas aperçu que du moment que vous reconnaissez des *irrégularités graves, les faits appris* justifient pleinement *les accusations formulées.* C'est évident comme un axiome.

« Unanimes dans l'adoption des mesures propres à nous » éclairer, unanimes dans nos appréciations finales; nous » avons été unanimes encore, je le dis intentionnellement, » *à nous féliciter du résultat acquis.* »

A nous féliciter du résultat acquis. — Eh bien, parole d'honneur, il n'y a pas de quoi, et je crois l'avoir quelque peu démontré. — J'apprécie plus loin *l'adoption des mesures propres à éclairer la Commission.*

Messieurs de la Commission sont *unanimes* sur toute la ligne, surtout *pour se féliciter des résultats acquis.* — C'est une congratulation générale, on échange de vigoureuses poignées de main. Peut-être s'est-on jeté dans les bras les uns des autres. Qui sait à quels excès peut conduire la joie?

Ce petit cénacle me rappelle une gravure de ma jeunesse, par Grandville, qui représentait l'intérieur d'un bureau de journal à fonder, lequel devait porter pour titre: *All Right!* (En avant!), titre progressiste, s'il en fut. Là, étaient réunis les rédacteurs. Chacun avait exposé le thème favori sur lequel il comptait broder ses fleurs de rhétorique. L'exposition des théories s'était achevée d'une manière éclatante, et l'on fut si *unanime à se féliciter des résultats acquis,* que, dans leur enthousiasme, les rédacteurs en expectative, saisissant des encensoires cachés dans leurs poches, se mirent à s'encenser réciproquement.

Ce souvenir lointain s'étant imposé à ma mémoire, il m'a été impossible de ne pas le mettre en lumière, tant l'à-propos m'a paru démontré.

A la séance du Conseil municipal du 19 juillet, M. Le Romain s'exprime ainsi : « Je ne sais si nous avons trouvé » la vérité; je suis certain, au moins, que mes collègues et » moi n'avons rien négligé de ce qui était à faire pour » l'obtenir. »

On parle du zèle des enquêteurs et des onze séances qu'ils ont tenues. En ce qui me concerne, je puis affirmer que l'enquête officielle n'a pas été aussi sérieuse qu'on veut bien le dire! Elle n'a pas même été sérieuse du tout, et n'a été qu'un postiche d'un bout à l'autre. J'ai été appelé trois fois dans le sein de la Commission, je me suis toujours demandé pourquoi.

Il ne m'a été fait que des questions insignifiantes. Voyant cela, j'ai demandé qu'on procédât par ordre à l'examen des faits à propos desquels mon intention était d'entrer dans des développements que je croyais nécessaires à la production de la vérité. On m'a très bien interdit la parole, en me disant que je n'avais pas été appelé pour discuter et apprécier les faits, que ce rôle incombait seulement à la Commission.

Une autre fois, la dernière, on me demanda une date que je ne connaissais pas, qu'il était facile à la Commission de se procurer par une autre voie, et c'était tout. On ne dérange pas un homme pour si peu. Toutefois, je profitai de l'occasion pour prier avec instance qu'on me fit des questions sérieuses. On ne m'en fit d'aucune espèce, ni sérieuses, ni autrement.

Cette *laborieuse* séance avait sans doute fatigué ces Messieurs; on se regardait en silence. Alors, un membre se lève, puis deux, puis trois, puis tous les six; je me lève aussi devant cette manifestation silencieuse, et je compris que c'était la façon la moins injurieuse possible de me mettre à la porte, et je partis. Si c'est ainsi que l'on a agi avec les autres personnes appelées par la Commission, je ne crains pas de m'inscrire en faux contre la partie des conclusions qui dit : *Je suis certain au moins que mes collègues et moi n'avons rien négligé de ce qui était à faire pour obtenir la vérité.*

FAITS

contenus dans mon enquête et dont il n'est pas question dans le rapport de M. Le Romain

Pour ne rien omettre, je transcris plusieurs faits contenus dans mon enquête, desquels la Commission n'a pas cru devoir s'occuper et qui ne sont pas, selon moi, dénués d'intérêt. Il est juste, du reste, que les pièces du procès soient soumises à l'appréciation du grand juge qu'on appelle *tout le monde*.

Donc, pour ces faits, je réclame le bénéfice du : *Qui ne dit rien consent.*

1° MOBILIER. — Mme Tarroux avait auprès d'elle quatre adjointes, ce qui exigeait quatre chambres, par conséquent quatre mobiliers. Par suite de l'habitation en ville de l'une des adjointes, une chambre ne fut pas habitée pendant assez longtemps. M. Tarroux en aurait fait transporter le mobilier dans une chambre à lui. Plus tard, la quatrième adjointe vint habiter l'école, ce qui nécessitait un cinquième mobilier qui, en effet, fut installé. Je suis étonné que M. le Rapporteur n'ait pas cru devoir donner d'explications sur ce fait.

Je crois devoir ajouter un petit fait qui caractérise parfaitement l'esprit économique de Mme Tarroux.

Les enfants étaient à la campagne d'Orvault, accompagnés de la domestique, et cela précisément au moment de la *soupe* des demi-pensionnaires de la première communion. Cependant il fallait que la cuisine se fît, Mme Tarroux aurait pu, dira-t-on, prendre une femme de journée pour remplacer la cuisinière ; c'était le cas ou jamais. Mme Tarroux avait apparemment des adjointes pour tout faire, puisque ce fut une adjointe qui fut chargée des fonctions culinaires tant que dura l'absence de la servante.

Ainsi, d'une part, la classe de Mlle Léonard, adjointe, faite par une grande élève, d'autre part, la classe de Mme Tarroux faite par une adjointe, et enfin Mlle Léonard remplissant les fonctions de cuisinière.

Si une semblable chose n'était pas si profondément triste, on serait tenté d'en rire.

La Commission a évidemment trouvé ce fait indigne d'attirer son attention ; cependant, il me semble que les adjointes sont dans les écoles pour diriger des classes, surveiller des études et non pour être occupées à faire la cuisine.

2° JETONS D'OMNIBUS. — Il était dû à Mmes Bruère et Drouet, directrices d'ouvroirs, des jetons d'omnibus pour leur service de Pirmil. Ces jetons n'étaient pas régulièrement remis. Ces dames trouvant qu'il y avait quelque chose d'humiliant à les solliciter constamment, s'en passaient souvent.

C'est ainsi que Mme Drouet fut obligée de payer ses places pendant tout le mois de février. Pourquoi M. Tarroux ne donnait-il pas ces jetons aux époques réglementaires ?

Mais, en revanche, M. Tarroux n'oubliait pas les membres de sa famille, sa bonne et même ses amis.

Mme Tarroux a offert, en dehors du service, à Mlle M.... des jetons d'omnibus qu'elle lui a refusés. — Ceci se passait le jour de la première communion de 1880.

3° Communion et soupe. — Au moment des premières communions, Mme Tarroux réunissait dans son école le plus de communiantes possible qu'elle empruntait aux paroisses circonvoisines. Voici comment et pourquoi :

Le droit des institutions est de faire faire la première communion à leurs pensionnaires et demi-pensionnaires, à leur propre paroisse. Mais les externes doivent la faire dans leurs paroisses respectives. Or, voici comment Mme Tarroux, qui n'avait pas de demi-pensionnaires, tournait la difficulté.

Au moment propice, Mme Tarroux faisait venir chez elle les parents des élèves qui devaient aller au catéchisme et leur disait : — Je veux que les élèves qui fréquentent mon école fassent leur première communion à l'église de Saint-Pierre.

Pour atteindre ce but, elle organisait une sorte de demi-pensionnat qui consistait à donner chaque jour, moyennant 2 francs par mois, une soupe aux enfants. Pour se mettre en règle, les élèves mangeaient la soupe dans ses appartements, puis descendaient finir leurs repas avec les provisions contenues dans leurs paniers.

Par cet ingénieux subterfuge, Mme Tarroux enlevait aux paroisses voisines de Saint-Pierre une partie des communiantes qui leur appartenaient et augmentait d'autant la remise sur les cierges. Il faut ajouter que tous les parents n'étaient pas contents de payer 2 francs par mois pour une soupe dont leurs enfants n'avaient pas besoin.

4° M. Rousseau, directeur de l'école protestante, a reçu de M. Tarroux une lettre à peu près dans ce style :

Monsieur, — Il vous est alloué 96 francs pour vos prix. *Signé :* Tarroux.

M. Rousseau communiqua cette lettre à M. Fargues, ministre protestant, qui, remarquant que la somme était moindre que celle des années précédentes, alla trouver

M. Lechat, maire, et lui fit observer qu'il avait coutume de recevoir pour la distribution de ses prix une somme de 120 francs. — M. le Maire lui fit remettre immédiatement la différence.

ABUS SUPPRIMÉS. — RÉFORMES ACCOMPLIES

1° Changement radical de la forme des bons, qui ne peuvent plus être libellés que sur des modèles imprimés, au lieu de chiffons de papier de toutes espèces, avec ou sans la signature de l'adjoint préposé aux écoles;

2° Il était traité à l'amiable pour l'achat des livres de prix; aujourd'hui, c'est par adjudication que l'on procède;

3° Les études du soir, qui étaient une sorte de privilège pour les familles plus ou moins aisées, ne pouvaient être abordées par certaines élèves intelligentes et travailleuses, mais pauvres. — Aujourd'hui, elles sont gratuites et ouvertes à toutes. Excellente mesure qui fait honneur à l'Administration;

4° Suppression de la spéculation abusive sur les cierges;

6° Abolition de l'exploitation des ouvroirs au bénéfice de particuliers. Les travaux ne peuvent plus être faits qu'au profit des élèves ou des pauvres.

7° Les feuilles détaillées de fournitures classiques, livrées aux instituteurs et institutrices, établies en double exemplaire, permettent un contrôle sérieux, en même temps qu'elles facilitent les réclamations, s'il y a lieu;

8° Le chauffage des instituteurs, qui n'existait qu'en vertu d'une *tolérance douteuse, illégale et abusive*, a été régularisé par un vote du Conseil municipal;

9° L'emploi, souvent peu modéré, que l'on faisait du gaz a été amoindri et régularisé;

10° Défense expresse aux institutrices de prendre des pensionnaires.

Sans compter les suppressions d'abus et les réformes accomplies qui ne sont pas parvenues jusqu'à moi.

Cependant, dans son optimisme incurable, l'honorable M. Le Romain n'a pas craint de dire dans un paragraphe fameux :

« Il y a eu, sans doute, des irrégularités plus ou moins » graves, mais il n'y a *rien*, absolument *rien* qui justifie, » SUIVANT NOUS, les accusations formulées. »

UN BON TARROUX

M. Le Romain, dont l'imagination féconde a trouvé le moyen de tout expliquer, de tout atténuer, de tout innocenter, dit dans son article sur les bons : L'enquête officieuse conclut, du fait de l'absence de la signature de l'adjoint, *à des abus* POSSIBLES, PROJETÉS, *peut-être, sinon d'ores et déjà prouvés.*

Oui, M. le Rapporteur, mes conclusions sont telles, et je les justifie. Mon intention n'était pas d'ajouter de nouveaux faits à mon enquête, mais vraiment, en présence du parti pris de la Commission et du Rapporteur de ne vouloir rien voir ou de tout justifier contre toute justice, je me suis décidé à publier, entre autres, un fait que je recommande à l'attention toute particulière de l'honorable M. Le Romain.

Il est parfaitement authentique. J'ai les pièces en mains.

Il s'agit d'un bon de *charbon de bois,* qui n'est pas signé par l'autorité compétente, et pour cause. Ce bon est daté du 24 février 1881, il est destiné à l'école Tarroux. Il existe également une lettre signée Tarroux portant la date du 10 juin 1881, et dont voici la copie :

« *Mon cher Monsieur, — J'ai oublié hier soir de vous dire*
» *de retrancher le sac de charbon fourni à l'école de la rue*
» *Saint-Léonard; cette dépense vous sera payée par la Direc-*
» *trice de l'école. — Bien à vous. —* TARROUX. »

Or, le bon de charbon de bois est à la date du 24 février 1881 et la lettre, qui porte celle du 10 juin de la même année, est évidemment la conséquence d'une réflexion que M. Le Romain me permettra de trouver bien tardive.

Cette lettre ne prouve-t-elle pas que le prix du sac de charbon avait été bel et bien porté sur le compte de la Ville. Sans l'inquiétude qu'a dû lui causer mon travail, M. Tarroux aurait-il écrit cette lettre significative? — Est-ce clair ?

« La Commission a siégé onze fois, *toujours au complet.* »
(Rapport Le Romain).

Dans la séance du Conseil municipal du 19 juillet 1883, M. le Maire déclare que l'Administration approuve les conclusions du rapport qu'il va mettre aux voix.

Or, dans cette même séance a eu lieu le petit colloque suivant :

Après des précautions oratoires bien senties, M. *Vivier* dit :

Je prends donc dans le rapport, le fait Biziou.

M. le Maire. — Mon cher collègue, permettez-moi de vous arrêter, il y a des faits que la Commission a écartés, et je ne peux tolérer qu'ils soient l'objet d'une discussion.

M. Vivier. — Le fait dont je m'occupe est traité dans le rapport, j'ai donc le droit de vous en entretenir.

M. le Maire. — Puisque le rapport en fait mention, c'est, en effet, votre droit. Je regrette de vous avoir interrompu.

Ainsi, voilà M. Colombel, président de la Commission, qui a assisté à *toutes* les réunions, puisque, selon le rapport. elle était *toujours au complet.* A l'exemple de ses collègues, M. Colombel s'est livré, bien certainement, aux investigations les plus *longues* et les plus *minutieuses;* il a entendu le rapport de M. Le Romain, et au moment de la discussion générale il ignorait qu'il y eût un fait Biziou! Un des faits les plus en relief de l'enquête officielle, un fait que M. le Rapporteur a longuement traité, puisqu'il remplit plus d'une demi-colonne de journal, un fait qui paraît avoir plus ou moins passionné la Commission, *toujours au complet,* était cependant considéré, par M. le Maire, comme écarté, et c'est par suite de cette *distraction* qu'il voulait retirer la parole à M. Vivier.

Voilà une petite histoire qui *caractérise* parfaitement l'enquête officielle et qui prouve *triomphalement* les *investigations minutieuses* auxquelles s'est livrée cette Commission, *toujours au complet.*

B. MOREAU.

Pour abréger ce travail, déjà bien long, j'ai dû ne publier de mon enquête que ce qui était rigoureusement nécessaire pour éclairer le lecteur et corroborer certains dires.

J'avoue qu'en présence de l'attitude prise par la Commission et son Rapporteur, il m'a été bien des fois pénible de me restreindre aux quelques citations absolument indispensables et pour la plupart très incomplètes.

J'ai corrigé, autant que possible, ce manque de développement par la publication sommaire des faits dont l'enquête officielle n'a pas cru devoir s'ocuper.

B. M.

TABLE

Nantes. — Imp. F. SALIÈRES, quai de la Fosse, 25.

www.ingramcontent.com/pod-product-compliance
Ingram Content Group UK Ltd.
Pitfield, Milton Keynes, MK11 3LW, UK
UKHW022142190726
13855UKWH00003B/1289

9 782013 049351